KB242398

올라운더
투자법

올라운더 투자법
주식부터 메자닌까지,
1% 펀드매니저가 자산을 불리는 절대 원칙

초판 1쇄 발행   2026년 4월 30일

글쓴이   곽상빈·이성엽·신상훈
펴낸이   이경민

기획편집   오경희
디자인   디자인팔욱

펴낸곳   ㈜동아엠앤비
출판등록   2014년 3월 28일(제25100-2014-000025호)

주소   (03972) 서울특별시 마포구 월드컵북로2길21, 2층
홈페이지   www.dongamnb.com
블로그   https://blog.naver.com/damnb0401
전화   (편집) 02-392-6901   (마케팅) 02-392-6900
팩스   02-392-6902
전자우편   damnb0401@naver.com
SNS

ISBN 979-11-6363-874-2 (03320)

※ 책 가격은 뒤표지에 있습니다.
※ 잘못된 책은 구입한 곳에서 바꿔 드립니다.

올라운더 투자법

주식부터 메자닌까지, 1% 펀드매니저가 자산을 불리는 절대 원칙

곽상빈·이성엽·신상훈 지음

동아 엠앤비

당신의 투자 계좌에는
'후진 기어'가 있습니까?

매일 아침 지옥철에 몸을 싣는 직장인들에게 주식 창은 희망이자 동시에 고통입니다. 어제 오른 반도체 주식에 안도하다가도, 오늘 들려오는 금리 인상이나 전쟁 소식에 가슴이 철렁 내려앉습니다. "좋은 주식을 사서 버텨라"라는 전문가들의 말은 하락장의 파도 앞에서는 무책임한 메아리처럼 들리기도 합니다.

우리 투자자들은 왜 항상 불안할까요? 이유는 간단합니다. 대부분의 개인투자자가 오직 '주가가 오르는 것'에만 모든 운명을 걸고 있기 때문입니다. 즉, 우리 계좌에는 전진 기어만 있고, 위험을 피하거나 후퇴할 때를 대비한 안전장치가 부재합니다.

하지만 여의도 증권가, 그중에서도 수조 원의 자금을 굴리는 펀드매니저들의 세상은 조금 다릅니다. 그들은 시장이 좋을 때 수익을 극대화하는 법은 물론, 시장이 꺾일 때 오히려 수익을 낼 수 있는 '구조'를 설계합니다. 그 설계도의 핵심 중 하나가 바로 '메자닌(Mezzanine)'입니다.

메자닌은 주식과 채권의 중간 지대에 있는 오묘한 상품입니다. 주가가 오르면 주식으로 바꿔 수익을 챙기고, 주가가 내리면 채권으로서 원금과 이자를 챙깁니다. 말 그대로 '꽃길만 걷는' 구조처럼 들리지만, 그동안 이 매력적인 시장은 기관투자자들과 자산가들만의 전유물이었습니다. 일반 개인들에게는 용어조차 생소하고 문턱이 높았던 것이 사실입니다.

이 책은 바로 그 문턱을 허물기 위해 시작되었습니다. 여의도에서 잔뼈가 굵은 전문 펀드매니저 2인과, 38개의 자격증을 보유하며 금융의 법리와 수리를 치밀하게 분석해 온 전문가 1인이 의기투합했습니다. 이들이 매일 다루는 전문적인 기법들을 직장인들의 눈높이로 풀어내어, 누구나 자신만의 '부의 시스템'을 만들 수 있게 돕고자 합니다.

본문은 총3부로 독자 여러분의 투자 체질을 바꿔줄 것입니다.

1부에서는 반도체, 바이오, 조선 등 지금 당장 돈의 흐름이 몰리는 핵심 섹터를 분석하고, 트럼프 2기 등 급변하는 세계 정세 속에서 기회를 포착하는 '눈'을 길러드립니다. 초보자가 꼭 알아야 할 주식 투자의 노하우를 압축해서 알려드립니다.

2부는 이 책의 백미인 '메자닌 투자'를 다룹니다. 전환사채(CB)나 신주인수권부사채(BW) 등 어렵게만 느껴졌던 용어들을 실전 사례와 함께 풀어내어, 하락장에서도 웃을 수 있는 투자의 신세계를 안내합니다.

3부에서는 연기금처럼 투자하는 자산배분 전략과 스마트한 적립식 투자법을 통해, 단기 수익을 넘어 평생 마르지 않는 부의 파이프라인을 구축하는 법을 배웁니다.

투자는 종목 하나를 잘 골라 인생 역전을 노리는 일이 아닙니다. 그건 도박에 가깝지요. 어떤 장세에서도 내 자산을 지키고 키울 수 있는 '시스템'을 갖추는 투자를 할 수 있도록 이 책은 도움이 되고자 합니다.

이 책을 덮을 때쯤, 당신의 계좌에서 '후진 기어'는 사라질 것입니다. 시장의 소음에 흔들리지 않고 여의도 설계자들처럼 당당하게 부의 길로 나아가는 여러분을 응원합니다. 이제, 가장 스마트한 투자의 세계로 함께 들어가 보시죠.

- 편집부 씀.

CONTENTS

CONTENTS

CONTENTS

제1부

주식투자 '익스프레스'

제1장

투자의 기초

위기는
최고의 투자 기회가 되기도 한다

주식시장에서 가장 큰 수익은 언제 만들어질까? 많은 투자자는 상승장이 한창일 때라고 생각한다. 그러나 실제로는 시장이 가장 두려움에 빠졌을 때 큰 투자 기회가 나타나는 경우가 많다. 대표적인 사례가 2020년 코로나19 팬데믹 초기의 주식시장 폭락이다.

2020년 3월 전 세계 금융시장은 극도의 공포에 빠졌다. 경제 활동이 멈추고 기업들이 줄줄이 파산할 것이라는 전망이 나오면서 투자자들은 주식을 대량으로 매도했다.

2020년 3월 미국 S&P500 지수는 한 달 만에 약 34% 급락했다. 한국 증시도 크게 흔들렸다. 코스피 지수는 2020년 1월 약 2,200 수준에서 시작했지만 3월에는 약 1,450 수준까지 하락했다.

그러나 이후 상황은 완전히 달라졌다. 각국 정부가 대규모 유동성을 공급하고 기술 기업들의 성장세가 이어지면서 주식시장은 빠르게 반등했다. S&P500 지수는 불과 몇 개월 만에 이전 고점을 회복했고 이후 사상 최고치를 경신했다. 코스피 역시 2021년 3,300까지 상승했다.

이 시기에 시장의 공포 속에서도 투자한 투자자들은 매우 높은 수익률을 기록했다. 반대로 공포에 휩싸여 시장을 떠난 투자자들은 이후 상승장의 상당 부분을 놓쳤다.

이 사례는 주식시장의 중요한 특징을 보여준다. 가장 큰 투자 기회는 종종 시장의 공포가 극대화된 순간에 등장한다는 점이다. 하지만 이런 기회를 잡기 위해서는 시장의 흐름을 이해하고, 체계적인 투자 원칙을 갖추는 것이 필요하다. 이제 주식시장의 구조와 투자 전략을 차례로 살펴보자.

호황과 불황,
각각에 맞는 투자 포지셔닝

▌코스피 5,000선 돌파, 호황에 대처하는 자세

주식시장은 항상 상승과 하락을 반복한다. 하지만 장기적으로 보면 결국 기업의 성장과 함께 우상향해 왔다. 최근 글로벌 주식시장은 인공지능(AI) 혁신과 기술 산업 성장, 기업 이익 증가에 힘입어 장기 상승 국면에 진입했다는 평가를 받고 있다. 실제로 미국과 한국의 주요 지수는 역사적 고점 수준에 근접하거나 이를 돌파하고 있다.

예를 들어 미국 S&P500 지수는 2020년 코로나19 팬데믹 이후 강한 상승세를 이어가며 2024년 기준 약 5,000선을 돌파했다. 2009년 글로벌 금융위기 직후 약 676 수준이었던 지수와 비교하면 약 7배 이상 상승한 것이다. 같은 기간 미국 기업들의 순이익도 크게 증가했다. S&P500 기업의 총순이익은 2010년 약 8,000억 달러에서 2024년에는 2조 달러 이상으로 증가했다.

한국 증시 역시 구조적인 변화를 겪고 있다. 코스피는 2000년대 초반 1,000선에서 움직였지만 이후 반도체 산업 성장과 글로벌 기술 산업 확대의 영향으로 장기적으로 상승해 왔다. 특히 삼성전자와 SK하이닉스를 중심으로 한 메모리 반도체 산업이 한국 증시의 핵심 동력으로 자리 잡으면서 코스피는 과거와 비교해 기업 이익 규모와 시장 구조 자체가 크게 달라졌다.

실제로 한국 유가증권시장 상장기업의 영업이익 합계는 2000년대 초반 약 40조 원 수준에서 2021년 약 200조 원 수준까지 증가한 이후 2025년 현재 그 수준을 유지하고 있다. 기업 규모와 수익성이 과거보다 크게 성장한 만큼 한국 주식시장의 체력 자체가 과거와는 비교할 수 없을 정도로 강해졌다. 이런 변화 속에서 2026년 코스피는 결국 5,000선을 돌파했고, 시장에서는 이제 6,000선 가능성까지 논의되는 단계에 들어섰다.

장기 데이터를 보면 이런 흐름은 더욱 분명하게 나타난다. 코스피는 1990년대 초 약 600 수준에서 출발해 외환위기, 글로벌 금융위기 등 여러 경제 위기를 겪으면서도 장기적으로 상승해 왔다. 약 30년 동안 한국 경제와 기업의 성장에 따라 주식시장 역시 꾸준히 규모를 확대해 온 것이다.

또 하나 주목할 점은 투자 인구의 변화다. 한국의 개인 주식 투자자는 2019년 약 500만 명 수준이었지만 2021년에는 1,400만 명을 넘어섰다. 이른바 '동학개미'라 불리는 개인투자자들의 대규모 시장 참여는 한국 주식시장의 구조 자체를 바꾸는 계기가 되었다.

▌상승장에서 투자자가 경계해야 할 세 가지

그러나 투자자에게 중요한 것은 지수가 어디까지 오를 것인지 예측하는 것이 아니라 상승장에서 어떤 태도를 유지하느냐이다. 상승장에서 투자자가 경계해야 할 점을 살펴보자.

첫째, 과도한 낙관론은 금물이다. 주식시장이 상승하면 "이번에는 다르다"는 말이 반복된다. 기술 혁신, 유동성 확대, 정책 지원 등 다양한 이유가 제시되지만, 역사적으로 시장은 항상 기대와 과열을 반복해 왔다.

둘째, 늦은 추격 매수를 주의해야 한다. 주가가 크게 오른 이후에야 투자에 뛰어드는 경우가 많다. 상승장의 후반부에서는 기업 가치보다 투자 심리가 주가를 끌어올리는 경우가 많기 때문에 변동성이 커질 가능성이 높다.

셋째, 리스크 관리를 강화해야 한다. 상승장이 지속되면 현금 보유를 비효율적으로 느끼거나 분산 투자의 필요성을 잊기 쉽다. 하지만 시장 사이클이 바뀌면 이런 포지션은 큰 손실로 이어질 수 있다.

역사를 보면 상승장이 영원히 지속된 적은 없다. 1929년 미국 주식시장은 과도한 투기와 레버리지로 인해 붕괴하며 대공황을 촉발했다. 2000년에는 인터넷 기업에 대한 과도한 기대 속에서 닷컴 버블이 형성되었고 나스닥 지수는 고점 대비 약 77% 하락했다. 2008년 글로벌 금융위기 당시 S&P500 지수 역시 약 57% 하락하며 금융 시스템 전체가 흔들렸다.

하지만 동시에 중요한 사실도 있다. 장기적으로 보면 주식은 다른 자산보다 높은 수익률을 제공해 왔다는 점이다. 미국 시장의 경우 지난 100년 동안 주식의 연평균 수익률은 약 9~10% 수준으로 같은 기간 채권이나 금보다 높은 성과를 기록했다. 이는 기업의 이익 성장과 경제 발전이 결국 주식시장에 반영되기 때문이다.

이처럼 상승장은 언젠가 조정을 맞이한다. 하지만 중요한 사실은 주식시장의 장기 방향 자체가 바뀌는 것은 아니라는 점이다. 역사적으로 주요 주가지수는 위기를 겪으면서도 결국 이전 고점을 돌파하며 새로운 상승 사이클을 만들어 왔다.

따라서 상승장에서 투자자가 취해야 할 전략은 명확하다. 첫째, 분할 매수와 분할 매도를 통해 가격 변동 위험을 관리한다. 둘째, 기업의 실적 성장과 산업 구조 변화에 기반한 투자를 한다. 셋째, 일정 수준의 현금을 유지해 시장 조정 시 새로운 기회를 준비한다.

아이러니하게도 가장 큰 투자 기회는 종종 시장이 가장 두려움에 휩싸인 순간에 등장한다. 경제 위기 속에서 산업 구조가 바뀌고 새로운 기업들이 등장하기 때문이다. 실제로 세계적인 기업들 중 상당수는 경제 호황이 아니라 위기의 시기에 탄생하거나 급성장했다.

▎경제 위기 속에서 탄생한 위대한 기업들

　경제 위기는 반복적으로 발생하며 위기마다 고유한 원인과 경제적 충격이 존재한다. 그러나 이런 위기 속에서도 특정 산업과 기업들이 크게 성장하며 투자자들에게 새로운 기회를 제공한다는 점에서 주목할 필요가 있다.

　1929년 대공황은 주식시장 붕괴와 함께 시작되어 전 세계적으로 경제 침체를 초래한 사건이다. 미국 GDP는 약 30% 감소했고 실업률은 25%를 넘었다. 그러나 이런 위기 속에서도 IBM은 데이터 처리 기술을 활용해 성장했다. 미국 정부가 사회보장제도 도입 등 대규모 행정 시스템을 구축하면서 데이터 처리 수요가 증가했고 IBM의 매출은 당시 연평균 약 20% 수준으로 성장했다. 기술 혁신이 경제 위기 속에서도 기업 성장의 원동력이 될 수 있음을 보여준 대표적 사례다.

　1973년과 1979년 두 차례에 걸친 오일쇼크는 원유 가격을 약 네 배 상승시키며 인플레이션과 경기 침체를 동시에 유발했다. 그러나 에너지 산업은 오히려 큰 수혜를 입었다. 엑슨모빌은 원유 가격 상승의 영향으로 순이익이 약 150% 증가하며 성장했다. 동시에 에너지 위기를 계기로 태양광과 풍력 등 대체 에너지 기술에 대한 관심도 커졌다. 이는 위기가 특정 산업에 새로운 성장 기회를 제공할 수 있음을 보여주는 사례다.

　2000년 닷컴 버블 붕괴는 기술주에 대한 과도한 기대와 투자로 인해 발생했다. 나스닥 지수는 고점 대비 77% 하락했고 수많은 인터넷 스타트업이 사라졌다. 그러나 위기 이후 살아남은 기업들은 오히려 더 강력한 시장 지배력을 확보했다. 아마존은 전자상거래와 클라우드 컴퓨팅 사업을 기반으로 빠르게 성장했다. 2002년 약 6달러였던 주가가 2007년 약 93달러까지 상승하며 1,400% 이상의 상승률을 기록했다. 구글 역시 인터넷 광고 시장을 장악하며 2004년 상장 당시 85달러였던 주가가 2008년 약 700달러 수준까지 상승했다.

2008년 글로벌 금융위기는 서브프라임 모기지 부실로 촉발되어 전 세계 금융 시스템을 위협했다. S&P500 지수는 약 57% 하락했지만 기술 혁신 기업들은 새로운 성장 사이클을 만들어냈다. 애플은 아이폰과 아이패드 등 모바일 혁신 제품을 통해 스마트폰 생태계를 구축했고, 2009년 약 12달러였던 주가는 2021년 약 175달러까지 상승했다. 테슬라 역시 전기차와 에너지 솔루션을 통해 새로운 산업 패러다임을 제시하며, 2010년 약 20달러였던 주가가 2021년 700달러 이상으로 상승했다.

2020년 코로나19 팬데믹은 전 세계적인 봉쇄와 경제 침체를 초래했지만 동시에 디지털 전환을 가속화했다. 원격 근무와 비대면 서비스가 급격히 확산하면서 관련 기술 기업들이 빠르게 성장했다. 줌은 비대면 회의 수요 증가로 매출이 급증하며 주가가 70달러에서 588달러까지 상승했다. 엔비디아는 AI와 데이터센터 수요 증가에 힘입어 주가가 크게 상승했다. 모더나는 mRNA 백신 개발을 통해 바이오 산업의 새로운 가능성을 보여주며 주가가 15달러에서 450달러 이상으로 상승했다.

이처럼 경제 위기는 단순한 리스크로만 끝나지 않는다. 오히려 산업 구조 변화와 기술 혁신을 촉진하면서 새로운 성장 기업이 탄생하는 계기가 되기도 한다. 투자자에게 중요한 것은 위기 때 투자를 멈추는 것이 아니라 위기 속에서 등장하는 구조적 변화를 읽어내는 것이다.

기술 혁신, 정부 정책, 새로운 소비 트렌드에 맞춘 투자 전략은 위기 이후 높은 수익으로 이어질 가능성이 크다. 과거 사례가 보여주듯이, 시장이 극도의 공포에 빠졌을 때 저평가된 자산을 발굴하고 장기적인 성장 산업에 주목하는 것이 중요한 투자 전략이다.

AI, 재생에너지, 헬스케어 같은 산업은 현재와 미래의 핵심 성장 분야로 평가받고 있으며, 이런 산업은 앞으로 경제 회복 과정에서 새로운 투자 기회를 만들어낼 가능성이 높다. 결국 주식시장에서 가장 큰 수익은 호황이 아니라 위기의 순간에 용기를 낸 투자자에게 돌아가는 경우가 많다.

성공하는 투자자들이 따르는
6단계 투자 프로세스

주식 투자는 단순히 매수와 매도의 행위가 아니라, 체계적인 전략과 준비가 필요한 과정이다. 많은 초보 투자자는 좋은 종목을 찾으면 곧바로 매수부터 생각한다. 그러나 성공적인 투자자들은 먼저 투자 과정을 설계한다. 워런 버핏은 투자에서 가장 중요한 요소로 시간과 규율, 그리고 인내를 꼽았다.

투자에서 중요한 것은 단기적인 매매 기술보다 일관된 의사결정 과정이다. 투자 과정이 체계적일수록 감정적인 판단을 줄이고 장기적으로 안정적인 성과를 기대할 수 있다.

주식 투자 과정을 여섯 단계로 나누어 살펴보면 다음과 같다.

▎1단계: 유망 종목 발굴을 위해 지식을 축적한다

투자의 출발점은 시장, 산업, 그리고 기업에 대한 지식을 쌓는 것으로, 단순한 뉴스 읽기를 넘어 돈의 흐름을 읽고 산업의 결을 파악하는 단계다. 투자자는 경제와 금융의 기본 개념을 이해하고, 시장의 구조와 작동 방식을 파악해야 한다. 이를 위해 경제 뉴스, 투자 서적, 금융 데이터 플랫폼(예: 블룸버그, 야후 파이낸스) 등을 활용할 수 있다. 우선, 거시경제 지표를 살펴볼 필요가 있다. 금리, 환율, GDP 성장률, 물가상승률과 같은 지표는 기업 이익과 주식시장에 큰 영향을 미친다. 예를 들어 금리가 상승하면 기업의 자금조달 비용이 증가하고 성장주 주가에는 부담이 될 수 있다.

다음으로 산업 분석이 필요하다. 특정 산업이 장기적으로 성장하는지, 경쟁 구조는 어떻게 형성되어 있는지, 기술 혁신이나 정부 정책이 어떤 영향을 미칠지를 살펴봐야 한다. 예를 들어 2010년대 이후 스마트폰과 데이터센터 산업의 성장은 반도체 산업의 폭발적인 성장을 이끌었다. 그 결과 삼성전자와 SK하이닉스는 한국 증시에서 가장 큰 영향력을 가진 기업으로 자리 잡았다.

관심 산업의 밸류체인(Value Chain) 지도를 그려보는 것도 좋은 방법이다. 밸류체인이란 제품이 기획돼 소비자에게 전달되기까지 가치가 만들어지는 과정을 뜻한다. 예를 들어 AI 산업이라면 '반도체 설계(팹리스) → 생산(파운드리) → 후공정 → 클라우드 서비스'로 이어지는 흐름을 이해해야 한다.

마지막으로 개별 기업을 분석해야 한다. 사실 개인투자자가 재무제표를 모두 파악하기란 현실적으로 어려운 일이다. 따라서 기업의 체력을 검증할 수 있는 3대 핵심 재무제표, 즉 영업이익률, 부채비율, 당기순이익 성장성을 중심으로 개별 기업 분석법을 설명해 보겠다.

3대 핵심 재무제표

첫째, 영업이익률(Operating Profit Margin)은 "이 회사의 장사는 얼마나 남는가?"를 말해 준다. 영업이익률은 매출액에서 영업이익이 차지하는 비율로, 기업의 본업 경쟁력을 보여주는 가장 중요한 척도다. 영업이익률은 '(영업이익 ÷ 매출액) × 100' 하면 된다.

표 1-1. 개인투자자가 눈여겨볼 3대 핵심 재무제표

지표	의미	합격 기준	투자 시사점
영업이익률	본업의 경쟁력	10% 이상	높을수록 시장 지배력이 강함
부채비율	재무적 안정성	100% 이하 권장	낮을수록 위기 상황에서 생존 확률 높음
순이익 성장성	주주 가치 증대	전년 대비 플러스 성장	주가 우상향을 결정짓는 핵심 동력

영업이익률 10% 이상이면 준수한 경쟁력을 가진 기업이다. 20% 이상이면 해당 산업 내 독보적인 해자를 가진 초우량 기업(엔비디아, 애플 등)이다. 단순히 수치가 높은 것보다 '지난 3년간 유지되거나 상승하고 있는지'가 중요하다. 매출은 느는데 영업이익률이 떨어진다면, 겉만 번지르르하고 속은 골병이 드는 상태일 수 있다.

둘째, 부채비율(Debt-to-Equity Ratio)은 "위기 때 버틸 체력이 있는가?"를 말해준다. 자기자본 대비 부채가 얼마나 되는지를 나타내며, 기업의 재무적 안정성을 측정한다. 부채비율은 '(타인자본 ÷ 자기자본) × 100' 하면 된다. 부채비율이 100% 이하면 매우 안전한 수준이다. 200% 이상은 주의가 필요하다. 특히 금리 인상기에 이자 부담이 급증할 수 있다. 다만 부채의 질을 따져봐야 한다. 이자를 내지 않는 '매입채무'가 많아 부채비율이 높은 것은 오히려 사업이 활발하다는 증거일 수 있다. 반면 은행 대출인 '차입금' 비중이 높다면 경계해야 한다.

셋째, 당기순이익 성장성(Net Income Growth)은 "주주에게 돌아갈 몫이 커지고 있는가?"를 말해 주는 지표다. 결국 주가는 기업이 최종적으로 손에 쥐는 '순이익'의 크기에 비례한다. 당기순이익 성장성은 '(당해 순이익 - 전년 순이익) ÷ 전년 순이익 × 100' 하면 구할 수 있다.

순이익은 최소한 전년 대비 플러스(+) 성장을 유지해야 하며, 3년 평균 성장률이 해당 산업의 평균 성장률을 상회하는지 확인한다. 영업이익은 늘었는데 당기순이익이 줄었다면, 본업 외의 비용(이자 비용, 환차손, 자산 손상 등)에서 큰 구멍이 났을 가능성이 크므로 투자에 주의해야 한다.

▌2단계: 시대의 큰 변화 시그널을 발견한다

주식시장에서 큰 수익은 단순한 기업 분석만으로 얻어지지 않는다. 시대적 변화를 읽는 능력이 매우 중요하다. 정부의 정책 변화, 기술 혁신, 글로벌 경제 환경 변화는 특정 산업과 기업의 성장을 결정짓는 요인이 될 수 있다. 예를 들어 최근 몇 년 동안 AI 기술의 발전은 반도체 산업과 데이터센터 산업에 큰 변화를 가져왔다. 그 결과 AI 연산에 필수적인 GPU를 생산하는 엔비디아는 2020년 이후 시가총액이 수배 이상 증가하며 세계적인 기업으로 성장했다.

또 다른 사례는 전기차 산업이다. 환경 규제 강화와 기술 발전이 결합하면서 전기차 산업이 빠르게 성장했고, 그 과정에서 테슬라는 자동차 산업의 패러다임을 바꾸는 기업으로 부상했다. 투자자에게 중요한 것은 이런 변화를 사후적으로 이해하는 것이 아니라 미리 감지하는 것이다. 정치·경제·기술 트렌드를 지속적으로 관찰하고, 변화의 영향을 받을 가능성이 높은 산업을 분석해야 한다.

피터 린치는 "투자 아이디어는 월가가 아니라 일상생활에서 발견된다"고 말했다. 우리가 사용하는 제품, 서비스, 기술 속에서도 미래 산업의 단서를 찾을 수 있다는 의미다.

▋ 3단계: 분할 매수와 분할 매도를 전략적으로 활용한다

분할 매수와 분할 매도는 투자 위험을 줄이고 안정적인 수익을 추구하기 위한 기본 전략이다. 분할 매수는 투자금을 한 번에 투입하지 않고, 여러 번 나누어 매수하는 방식이다. 시장의 단기 움직임을 정확히 예측하는 것은 거의 불가능하다.

예를 들어 목표 투자금이 1,000만 원이라면 이를 다섯 번에 나누어 매수하는 전략을 사용할 수 있다. 주가가 하락할 때 추가 매수하면 평균 매입 단가를 낮출 수 있다. 실제로 많은 장기 투자자들은 적립식 투자 방식을 활용한다. 미국 시장에서도 꾸준히 일정 금액을 투자하는 방식은 장기적으로 높은 성과를 보여 왔다. 분할 매도 역시 중요한 전략이다. 투자한 종목이 큰 폭으로 상승했을 때 일부를 매도하고, 나머지는 장기적으로 보유하는 방식이다. 예를 들어, 매수한 종목의 주가가 50% 상승했을 때 50%를 매도하고 나머지 50%는 추가 상승 가능성을 위해 보유한다. 이는 시장 변동성이 커질 때 투자 포지션을 안정적으로 관리하는 데 도움이 된다.

▋ 4단계: 매매 진입 후 전략을 관찰한다

매수나 매도를 실행한 후에는 시장 상황과 종목의 움직임을 지속적으로 관찰해야 한다. 중요한 것은 투자 판단의 근거가 여전히 유효한지 점검하는 것이다.

기업의 경우, 분기별 실적 발표를 통해 매출과 이익이 투자 가설과 일치하는지 점검해야 한다. 예를 들어 반도체 기업에 투자했다면 메모리 가격이나 서버 수요 같은 산업 지표를 함께 확인할 필요가 있다. 시장 전체적으로는 금리 변화, 환율, 글로벌 경제 이벤트 등이 종목에 어떤 영향을 미치는지 분석해야 한다. 또 거래량과 가격 흐름을 통해 시장의 단기적인 추세를 파악할 수도 있다.

이 단계에서 중요한 것은 감정적인 대응을 피하는 것이다. 투자 전략이 여전히 유효하다면 단기적인 주가 변동에 지나치게 흔들릴 필요는 없다.

▌5단계: 예상 밖 상황에서 리스크를 관리한다

주식시장은 항상 예상대로 움직이지 않는다. 예상하지 못한 변수로 인해 큰 손실이 발생할 수도 있다. 따라서 리스크 관리는 투자에서 매우 중요한 요소다.

대표적인 방법 중 하나는 손절매 기준을 설정하는 것이다. 예를 들어 매입가 대비 10~15% 이상 하락하면 매도하는 원칙을 세우는 것이다. 이는 감정적 대응을 줄이고 투자 자산을 보호하는 데 도움이 된다.

분산 투자 역시 중요한 리스크 관리 방법이다. 특정 산업이나 종목에 과도하게 집중 투자하기보다는, 여러 산업과 자산에 분산 투자하는 것이 바람직하다. 예를 들어 IT, 헬스케어, 에너지 등 다양한 산업에 투자하고 채권이나 금, 리츠(REITs) 같은 자산을 함께 보유하면 포트폴리오의 변동성을 줄일 수 있다.

세계적인 투자자 레이 달리오는 "투자의 핵심은 분산"이라고 강조했다. 서로 다른 자산을 적절히 조합하면 예상하지 못한 시장 충격에도 포트폴리오를 안정적으로 유지할 수 있다.

올라운더 투자법

▌6단계: 투자 일지를 통해 꾸준히 피드백한다

성공하는 투자자는 자신의 투자 과정을 기록하고 지속적으로 개선한다. 이를 위해 투자 일지를 작성하는 것이 매우 유용하다. 투자 일지에는 매수한 종목, 매수·매도 가격, 투자 판단의 근거, 결과 등을 기록한다. 시간이 지나면 이런 기록이 자신의 투자 패턴을 이해하는 데 큰 도움이 된다.

예를 들어 어떤 투자자는 상승장에서 과도한 낙관으로 매수하는 경향이 있고, 또 다른 투자자는 하락장에서 지나치게 공포를 느끼는 경향이 있을 수 있다. 투자 기록을 통해 이런 행동 패턴을 발견하면 실수를 줄일 수 있다.

또 6개월 또는 1년 일정 기간마다 투자 성과를 분석하는 것도 중요하다. 수익률, 평균 보유 기간, 손실 발생 원인 등을 분석하면 자신의 전략이 얼마나 효과적인지 객관적으로 평가할 수 있다. 투자 대가들이 공통적으로 강조하는 것도 바로 지속적인 학습과 자기 점검이다.

▌체계적인 투자 과정이 장기 성과를 만든다

주식 투자 성과를 극대화하려면 단기적인 수익을 쫓기보다 장기적인 전략과 체계적인 접근이 필요하다. 유망 종목 발굴, 시대 변화 분석, 분할 매수와 매도, 리스크 관리, 투자 기록과 피드백 등 각 단계를 철저히 실행하면 투자자는 시장을 더 깊이 이해하게 된다.

결국 성공적인 투자자는 특별한 비밀 정보를 지닌 사람이 아니라, 일관된 투자 과정을 꾸준히 실천하는 사람인 경우가 많다. 이런 체계적인 접근은 시장의 변동성 속에서도 흔들리지 않고, 장기적인 투자 성과를 만들어 내는 데 중요한 기반이 된다.

투자 대가들의 전략:
서로 달라 보이지만 같은 원칙

세계적인 투자 대가들은 서로 다른 철학과 전략을 통해 시장에서 큰 성공을 거두었다. 어떤 사람은 저평가된 기업을 찾았고, 어떤 사람은 성장 산업에 집중했으며, 또 다른 사람은 자산배분으로 위험을 관리했다.

투자 방식은 서로 다르지만 이들에게는 공통점이 있다. 자신이 이해하는 투자 원칙을 일관되게 유지했다는 점이다. 이들의 투자 철학과 대표 사례를 살펴보면서 장기적으로 성공하는 투자자의 공통된 특징을 발견해 보자.

▌ 워런 버핏: 위대한 기업에 장기 투자하는 가치투자

워런 버핏(Warren Buffett)의 투자 철학은 한마디로 가치투자(Value Investing)다. 가치투자의 핵심은 기업의 내재가치를 기준으로 투자 결정을 내리고, 시장가격이 내재가치보다 낮을 때 투자하는 것이다. 버핏은 투자할 때 다음 세 가지 요소를 중요하게 본다.

- 안정적인 수익성
- 지속 가능한 경쟁 우위(경제적 해자)
- 신뢰할 수 있는 경영진

버핏은 또 항상 '안전마진(margin of safety)'을 확보하려고 한다. 대표적인 사례가 코카콜라(Coca-Cola) 투자다. 버핏은 1988년 약 12억 달러 규모의 코

올라운더 투자법

카콜라 주식을 매입했다. 당시 코카콜라는 글로벌 브랜드 파워와 안정적인 현금 흐름을 가진 기업이었다. 버핏은 이 기업의 경쟁력이 수십 년 동안 유지될 것으로 판단했고 장기 투자를 결정했다. 이후 코카콜라는 버크셔 해서웨이 포트폴리오에서 가장 성공적인 투자 중 하나가 되었으며 수십 년 동안 막대한 배당과 자본이익을 제공했다.

버핏의 전략은 단순하다. 좋은 기업을 합리적인 가격에 사서 오래 보유하는 것이다.

▍피터 린치: 생활 속에서 성장주를 찾는 투자

피터 린치(Peter Lynch)는 일반 투자자에게도 널리 알려진 투자자다. 그는 일상생활 속에서 투자 아이디어를 찾는 방법을 강조했다. 린치는 투자자들이 자신이 잘 아는 산업과 제품에서 기회를 발견할 수 있다고 주장했다. 그가 대중화한 개념이 바로 '텐배거(Tenbagger)', 즉 주가가 10배 이상 상승하는 종목이다.

대표적인 사례가 던킨도너츠(Dunkin') 투자다. 린치는 출근길에 들르던 던킨 매장이 항상 붐비는 것을 보고 이 기업에 관심을 갖게 되었다. 이후 기업의 재무제표를 분석한 결과 매출 성장률과 수익성이 뛰어나고 부채 부담도 크지 않다는 사실을 확인했다. 린치는 확신을 가지고 던킨도너츠에 투자했고 이후 주가는 약 10배 상승했다.

린치는 다음과 같은 투자 원칙을 강조했다.

- 이해할 수 있는 사업에 투자하라
- 성장률이 높은 기업을 찾아라

• 재무 구조를 반드시 확인하라

▌벤저민 그레이엄: 안전마진을 중시한 가치투자의 창시자

벤저민 그레이엄(Benjamin Graham)은 현대 가치투자의 창시자이며 워런 버핏의 스승으로 유명하다. 그는 투자에서 가장 중요한 개념으로 안전마진을 강조했다. 안전마진이란 기업의 내재가치보다 충분히 낮은 가격에서 투자함으로써 손실 위험을 줄이고, 이익을 극대화하는 것이다.

그레이엄의 투자 사례 중 가장 유명한 것이 가이코(GEICO) 투자다. 1948년 그레이엄이 운영하던 투자회사 그레이엄-뉴먼(Graham-Newman)은 가이코 지분 약 50%를 약 71만 달러에 매입했다. 이후 가이코는 자동차 보험 시장에서 빠르게 성장했고 1970년대 초 이 투자 가치는 약 4억 달러로 증가했다.

이 투자 하나로 그레이엄 펀드의 장기 수익률이 크게 상승했다. 그레이엄의 투자 철학은 단순하다. 가격은 변하지만 가치는 결국 드러난다는 것이다.

▌레이 달리오: 자산배분으로 위기를 대비하는 투자

레이 달리오(Ray Dalio)는 세계 최대 헤지펀드 중 하나인 브리지워터 어소시에이츠(Bridgewater Associates)의 창립자다. 그는 특정 종목보다 자산배분(asset allocation)을 더 중요하게 본다.

그가 설계한 대표적인 전략이 '올웨더(All Weather) 포트폴리오'다. 이 전략은 어떤 환경에서도 포트폴리오가 안정적으로 유지되도록 설계된 자산배분 전략이다. 달리오는 경제 상황을 네 가지로 구분하고, 각 상황에서 유리

올라운더 투자법

경제 성장	물가	유리한 자산
성장	하락	주식
성장	상승	원자재
하락	하락	장기 국채
하락	상승	금

한 투자 자산을 정리했다(표 1-2).

대표적인 사례는 그가 창립한 브리지워터 어소시에이츠다. 실제로 브리지워터에는 '올웨더 펀드'라는 기관투자자용 펀드가 존재한다. 이 펀드는 주식보다 낮은 변동성과, 위기 시에도 생존하는 것을 목표로 하며, 글로벌 경제 데이터를 철저히 분석해 각 자산군의 성과가 특정 경제 환경에서 어떻게 변하는지를 예측했다.

이 접근법은 2007~2009년 금융위기 동안 주식시장이 극심한 하락을 겪었을 때 그의 헤지펀드가 비교적 작은 손실로 방어하는 모습을 보였다. 당시 S&P 500지수는 약 57% 하락했으나 올웨더는 손실 폭이 훨씬 작았다. 2020 코로나19 팬데믹 때 S&P 500지수는 약 30% 하락했으나 올웨더는 하락 폭이 6% 수준에 그쳤다.

올웨더 전략의 핵심은 예측보다 대비다. 이 전략은 주식시장 상승기에는 다소 낮은 수익률을 기록할 수 있지만 금융위기와 같은 급락장에서는 낙폭을 크게 줄이는 특징이 있다.

▌캐시 우드: 미래 기술에 집중하는 혁신 투자

아크 인베스트(ARK Invest) 창립자 캐시 우드(Cathie Wood)는 파괴적 혁신(disruptive innovation)에 투자하는 전략으로 유명하다. 그녀는 전통적인 가치 평가보다 기술 변화와 산업 혁신을 더 중요하게 본다. 투자 대상은 AI, 전기차, 유전자 기술, 로보틱스, 블록체인 등 미래 산업이다.

대표적인 성공 사례는 테슬라(Tesla) 투자다. 테슬라는 자동차 치고 너무 비싸고 전기차는 틈새시장일 뿐이라는 인식이 팽배하던 시절, 캐시 우드는 테슬라를 자동차 회사로 보지 않고 AI, 배터리, 자율주행 플랫폼 기업으로 보고는 2016년부터 테슬라를 핵심 종목으로 보유했다. 2020년 한 해 동안 테슬라 주가는 약 740% 상승하며, 아크 이노베이션 ETF의 수익률을 크게 끌어올렸다.

엔비디아(NVIDIA) 투자도 아크 인베스트의 대표적인 성공 사례다. 엔비디아가 지금은 AI 제왕이지만, 과거 그냥 '그래픽카드 회사'로 취급받던 시절이 있었다. 캐시 우드는 GPU를 게임으로 보지 않고 AI 연산의 핵심 인프라로 보았다. 딥러닝과 자율주행이 확산할 것을 근거로 AI 하드웨어 기업인 엔비디아에 투자했고 결과적으로 그녀의 판단은 옳았다.

캐시 우드는 과거 실적이나 밸류에이션에 연연하지 않고 미래가 폭발할 방향에 전부 거는 투자자다. 레이 달리오가 어떤 환경에서도 살아남는 투자자라면 캐시우드는 폭발적 수익을 노리는 투자자다.

▌위대한 투자자들의 공통점

세계적인 투자자들의 전략은 서로 다르다. 버핏은 가치투자를, 린치는 성장 투자를, 그레이엄은 안전마진을, 달리오는 자산배분을, 캐시 우드는 혁신 투자를 강조한다. 투자 스타일은 서로 다르지만 위대한 투자자들에겐 공통점이 있다. 바로 자신이 이해하는 투자 원칙을 오랫동안 지켰다는 점이다.

투자 스타일은 달라도 원칙을 지키는 투자자는 장기적으로 시장에서 살아남는다. 이들의 사례는 투자자가 자신의 성향과 목표에 맞는 투자 전략을 세우는 데 중요한 길잡이가 된다.

트럼프 2기 경제 정책과 투자 전략

2025년 출범한 트럼프 2기 행정부는 1기 정책 기조를 상당 부분 이어가면서도 몇 가지 영역에서 더욱 강한 정책 방향을 보여주고 있다. 특히 감세 정책 유지, 보호무역 강화, 에너지 산업 확대, 국방비 증가, 첨단 기술 경쟁 등이 미국 경제 정책의 핵심 축으로 자리 잡고 있다. 이런 정책 변화는 글로벌 금융시장과 산업 구조에도 상당한 영향을 미치고 있으며, 국내 투자자에게도 전략 수립에 있어서 중요한 변수로 작용하고 있다.

▍세제 정책: 감세 유지와 기업 친화적

트럼프 행정부 경제 정책의 핵심 중 하나는 감세 정책이다. 트럼프 1기 시절인 2017년 도입된 감세법(Tax Cuts and Jobs Act)은 미국 기업의 법인세율을 35%에서 21%로 낮추며 기업 이익 증가와 주식시장 상승에 중요한 역할을 했다.

현재 미국 정치권의 주요 논쟁은 이 감세 정책을 어떻게 유지하고 조정할 것인가에 있다. 트럼프 2기 행정부는 기업 경쟁력 강화를 위해 감세 정책을 유지하고 일부 항목을 확대하는 방향을 추진하고 있다.

감세 정책은 기업의 순이익 증가로 이어질 가능성이 높기 때문에 대형 기술 기업과 금융주, 소비재 기업 등이 수혜를 받을 가능성이 크다. 다만 트럼프 행정부는 AI 데이터센터 확대 정책을 추진하면서 빅테크 기업에 전력·인프라 비용을 더 직접 부담하도록 요구하고 있다. 이런 정책은 마이크로소프트, 구글, 아마존 같은 기업에 직접적인 영향을 줄 수 있다.

즉 애플, 마이크로소프트, 알파벳과 같은 대형 IT 기업들은 여전히 성장 중인 미국의 핵심 기업이다. 다만 트럼프 2기 행정부에서는 감세 정책뿐 아니라 AI 인프라 투자와 데이터센터 규제 등 새로운 정책 변수도 등장하고 있다. 이런 정책 환경은 기술 기업의 투자 확대와 함께 에너지, 반도체, 데이터센터 산업에도 큰 영향을 미치고 있다.

미국 시장 전체에 투자하는 방법으로는 S&P500 지수를 추종하는 ETF가 대표적이다. 대표적인 ETF로는 SPDR S&P500 ETF(SPY), 뱅가드 S&P500 ETF(Vanguard S&P500 ETF, VOO), 아이셰어즈 코어 S&P500 ETF(iShares Core S&P500 ETF, IVV)가 있다. 이 가운데 장기 투자자들에게 가장 많이 추천되는 상품은 비용이 낮은 VOO와 IVV다. 두 ETF의 연간 운용보수는 약 0.03% 수준으로 장기 투자 시 비용 부담이 매우 낮다.

관세 정책과 공급망 재편

트럼프 경제 정책의 가장 큰 특징은 보호무역과 공급망 재편이다. 트럼프 2기 행정부는 미국 제조업을 강화하기 위해 중국을 포함한 주요 교역국에 대한 관세 정책을 적극적으로 활용하고 있다. 특히 일부 정책에서는 보편 관세(universal tariff) 개념이 논의되며 글로벌 무역 질서에 큰 영향을 미치고 있다.

이런 정책은 기업들이 생산기지를 미국 또는 우방국으로 이전하도록 유도하는 리쇼어링(reshoring)과 프렌드쇼어링(friend-shoring) 흐름을 강화하고 있다. 이 과정에서 미국 제조업과 산업 장비 기업, 인프라 관련 기업들이 수혜를 받을 가능성이 높다. 캐터필러(Caterpillar), 디어(Deere & Company) 같은 산업 장비 기업들이 이런 공급망 재편과 인프라 투자 확대의 수혜 기업으로 평가된다.

에너지 정책: LNG 산업과 전력 수요 확대

트럼프 2기 행정부는 에너지 정책에서도 전통적인 화석연료 산업을 적극적으로 지원하고 있다. 특히 미국의 셰일가스와 LNG 수출 확대는 에너지 정책의 핵심 축으로 자리 잡고 있다.

미국은 이미 세계 최대 석유·천연가스 생산국으로 자리 잡았으며, 에너지 수출 확대는 경제뿐 아니라 지정학적 영향력 확대에도 중요한 역할을 하고 있다.

이런 정책 환경에서는 엑슨모빌(ExxonMobil), 셰브론(Chevron) 같은 대형 에너지 기업뿐 아니라 LNG 인프라 기업들도 장기적인 성장 기회를 얻을 가능성이 있다. 천연가스 시장의 성장과 미국 내 에너지 생산 확대를 고려하면 코노코필립스(ConocoPhillips)나 EOG 리소시스(EOG Resources) 같은 셰일가스 기업도 주목할 만하다.

에너지 산업에 분산 투자하는 방법으로 관련 ETF를 활용할 수도 있다. 대표적인 상품으로는 미국 에너지 대기업에 투자하는 에너지 셀렉트 SPDR ETF(Energy Select Sector SPDR ETF, XLE), 셰일가스 탐사 기업에 투자하는 SPDR 오일 & 가스 탐사 ETF(Oil & Gas Exploration ETF, XOP), 그리고 파이프라인과 에너지 인프라 기업에 투자하는 알레리안 MLP ETF(Alerian MLP ETF, AMLP)가 있다. 이런 ETF는 개별 종목 투자보다 리스크를 분산하면서 에너지 산업 전반의 성장에 투자할 수 있다는 장점이 있다.

최근 에너지 시장에서 또 하나 중요한 변화는 전력 수요의 급격한 증가다. 특히 인공지능(AI) 산업의 성장으로 데이터센터 전력 소비가 크게 증가하고 있으며, 이는 천연가스 발전과 전력 인프라 투자 확대를 촉진하고 있다. 국제에너지기구(IEA)는 2030년까지 데이터센터 전력 소비가 현재의 두 배 이상 증가할 가능성을 전망하고 있다. 이런 변화는 LNG 산업뿐 아니라 전력 유틸리티 기업과 전력 인프라 기업에도 새로운 투자 기회를 제공할 수 있다.

▎ 국방비 확대와 방위 산업

트럼프 2기 행정부는 국방비 확대 정책도 유지하고 있다. 지정학적 긴장이 지속되는 상황에서 군사력 강화는 미국 정치권에서 비교적 초당적인 지지를 받는 정책이다. 이에 따라 방위 산업 기업들은 장기적인 성장 산업으로 평가되고 있다. 대표적인 기업은 록히드마틴(Lockheed Martin), 노스럽그루먼(Northrop Grumman), RTX(구 레이시온)가 있다. 미국의 미사일 방어 시스

템과 군사 장비 현대화 프로그램은 이런 기업들의 수익 성장에 중요한 영
향을 미칠 것으로 예상된다.

▌기술 패권 경쟁과 반도체 산업

미국과 중국 사이의 기술 경쟁은 트럼프 2기 행정부에서도 핵심 정책 영
역이다. 특히 반도체와 인공지능 기술은 국가 안보와 산업 경쟁력의 핵심
분야로 평가된다.

트럼프 행정부는 반도체 공급망을 미국 중심으로 재편하려는 정책을 추
진하고 있으며, 첨단 기술 산업에 대한 전략적 투자를 강화하고 있다.

AI와 데이터센터 수요가 급격히 증가하면서 엔비디아, AMD, 마이크론
같은 반도체 기업들은 이런 기술 경쟁의 핵심 기업으로 평가된다. 또한 클
라우드와 데이터센터 산업 역시 AI 산업 성장과 함께 중요한 투자 분야로
떠오르고 있다.

▌투자 리스크는 무엇일까?

트럼프 정책은 시장에 새로운 기회를 제공할 수 있지만 동시에 몇 가지
리스크 요인도 존재한다. 특히 보호무역 강화와 재정 정책 변화는 글로벌
금융시장과 교역 구조에 영향을 줄 수 있기 때문에 투자자는 이에 대한 대
비가 필요하다.

무역 갈등 확대

트럼프 행정부의 관세 정책은 미국과 중국, 유럽 간의 무역 갈등을 심화시킬 가능성이 있다. 보호무역 정책이 확대될 경우 글로벌 교역이 위축되고 세계 경제 성장률이 둔화될 가능성도 있다. 한국 경제는 수출 의존도가 높은 구조이기 때문에 이런 무역 갈등의 영향을 상대적으로 크게 받을 수 있다. 특히 반도체, 자동차, 배터리 산업은 글로벌 공급망 변화와 관세 정책의 영향을 받을 가능성이 높다. 따라서 한국 투자자들은 미국 시장뿐 아니라 글로벌 공급망 변화에 따른 산업 구조 변화를 함께 고려해야 한다.

재정 적자와 인플레이션

감세 정책과 국방비 확대는 재정 지출 증가로 이어질 가능성이 있다. 이는 장기적으로 재정 적자 확대와 인플레이션 압력을 높일 수 있다. 인플레이션이 상승하면 금리 역시 높은 수준을 유지할 가능성이 있으며, 이는 글로벌 금융시장 변동성을 확대하는 요인이 될 수 있다. 이런 환경에서는 금, 원자재, 에너지 관련 자산과 같은 인플레이션 방어 자산을 포트폴리오에 포함하는 것이 도움이 될 수 있다.

달러 강세와 환율 변동

미국 금리가 높은 수준을 유지하거나 글로벌 불확실성이 커질 경우 달러 강세가 나타날 가능성이 있다. 달러 강세는 한국 투자자에게 두 가지 영향을 미친다.

첫째, 해외 주식 투자에서는 환차익을 기대할 수 있다. 둘째, 국내 자산에서는 외국인 자금 유출과 주식시장 변동성이 확대될 가능성이 있다. 따라서 해외 투자와 국내 투자를 적절히 병행하는 분산 투자 전략이 중요하다.

에너지 가격 변동성

트럼프 행정부의 에너지 정책과 지정학적 갈등은 에너지 가격의 변동성을 확대할 수 있다. 특히 중동 지역의 지정학적 리스크나 글로벌 에너지 수요 변화는 원유와 천연가스 가격에 큰 영향을 미칠 수 있다. 에너지 가격 상승은 일부 에너지 기업에는 긍정적인 영향을 줄 수 있지만 동시에 인플레이션 상승을 통해 경제 전반에는 부담이 될 수 있다.

▎ 정책 변화 속에서 기회를 찾는 투자 전략

트럼프 2기 행정부의 경제 정책은 감세 유지, 보호무역 강화, 에너지 산업 확대, 국방비 증가, 기술 경쟁 강화 등 여러 분야에서 시장에 영향을 미치고 있다. 이런 정책 환경에서는 제조업, 에너지 산업, 방위 산업, 첨단 기술 산업 등이 중요한 투자 분야로 떠오를 가능성이 있다. 하지만 동시에 무역 갈등과 인플레이션, 환율 변동 같은 리스크도 존재한다. 특히 한국 투자자에게는 글로벌 공급망 변화와 달러 환율 변동이 중요한 변수로 작용할 수 있다.

따라서 투자자는 특정 산업에 집중하기보다 다양한 자산과 지역에 분산 투자해 시장 변동성에 대비할 필요가 있다. 정치와 정책은 시장의 단기 방향에 영향을 줄 수 있다. 그러나 장기적으로 주식시장의 성과를 결정하는 것은 결국 기업의 경쟁력이다.

제2장

반도체 투자

반도체법이
글로벌 투자 지형을 바꾸다

반도체는 현대 산업의 핵심 인프라다. 스마트폰과 컴퓨터는 물론 인공지능(AI), 자동차, 통신 장비, 군사 기술까지 거의 모든 첨단 산업이 반도체에 의존한다. 이 때문에 반도체 산업은 단순한 제조업이 아니라 국가 안보와 경제 경쟁력을 좌우하는 전략 산업으로 평가된다.

최근 몇 년 사이 주요 국가들은 반도체 산업을 적극적으로 지원하는 법률을 잇따라 도입했다. 반도체 공급망을 자국 중심으로 재편하고 기술 경쟁력을 확보하기 위해서다. 이런 정책 변화는 글로벌 반도체 산업의 구조뿐 아니라 투자 시장에도 큰 영향을 미치고 있다.

대표적인 사례가 미국의 칩스법(CHIPS and Science Act)이다. 이 법은 2022년 미국 의회를 통과한 이후 글로벌 반도체 산업의 흐름을 바꾸는 계기가 되었다. 칩스법의 핵심은 약 520억 달러 규모의 반도체 산업 지원이다. 이 가운데 약 390억 달러는 반도체 제조 시설 투자에 대한 보조금으로 사용되며, 약 110억 달러는 연구개발과 기술 혁신에 투입된다. 또한 반도체 제조 설비 투자에 대해 약 25% 세액 공제를 제공하는 정책도 포함되어 있다.

이 법의 목표는 미국 내 반도체 생산 능력을 확대하고 중국 등 경쟁 국가에 대한 의존도를 줄이는 것이다. 그 결과 인텔, 삼성전자, TSMC 등 주요 반도체 기업들이 미국 내 신규 공장 건설 계획을 발표했다. 현재 약 10% 수준인 미국의 글로벌 반도체 생산 비중을 장기적으로 20%까지 확대하는 것이 정책 목표다.

미국뿐 아니라 유럽도 반도체 산업 지원에 적극 나서고 있다. 2023년 유럽연합(EU)은 약 430억 유로 규모의 'EU 칩스법(EU Chips Act)'을 통과시켰다. 이 법은 반도체 연구개발과 생산 능력을 강화해 글로벌 공급망에서 유럽의 비중을 확대하는 것을 목표로 한다.

이처럼 미국과 유럽, 아시아 주요 국가들이 반도체 산업을 전략적으로 지원하면서 글로벌 반도체 산업은 국가 간 경쟁이 더욱 치열해지는 구조로 바뀌고 있다.

▌ K-반도체 전략: 한국 반도체 산업의 새로운 성장 축

한국 정부 역시 반도체 산업 경쟁력 강화를 위해 2021년 'K-반도체 전략'을 발표했다. 이 전략은 2030년까지 약 510조 원 규모의 투자를 통해 세계 최대 반도체 생산 기지를 구축하는 것을 목표로 한다. 이 전략의 핵심은 반도체 대기업과 소재·부품·장비 기업을 포함한 산업 생태계를 강화하는 것이다. 이를 위해 첨단 반도체 생산 시설 투자에 대한 세제 혜택을 확대하고 연구개발 지원도 강화하고 있다.

한국은 이미 삼성전자와 SK하이닉스라는 세계적인 메모리 반도체 기업을 보유하고 있다. 반도체 산업은 한국 수출의 약 20% 이상을 차지하는 핵심 산업이며, 국내 증시에서도 가장 중요한 산업 중 하나다. 실제로 2025년 이후 코스피 상승을 이끈 핵심 산업 역시 반도체였다. 인공지능 산업의 급성장으로 고성능 메모리 반도체 수요가 급격히 증가하면서 한국 반도체 기업들의 실적 기대도 크게 높아졌다.

AI와 데이터센터 산업의 급성장은 고성능 메모리 반도체 수요를 빠르게 증가시키고 있다. 이런 변화 속에서 반도체 산업은 단순한 경기 산업을 넘어 미래 기술 경쟁의 핵심 분야로 자리 잡고 있다.

결국 반도체법은 단순한 산업 지원 정책을 넘어 국가 경쟁력을 결정하는 전략적 정책 도구로 작용하고 있다. 미국, 유럽, 한국 등 주요 국가들이 반도체 산업에 막대한 투자를 진행하면서 향후 반도체 시장은 장기적인 성장 산업으로 평가받고 있다. 특히 인공지능 산업의 확산은 고성능 메모리 반도체 수요를 폭발적으로 증가시키고 있으며, 이는 한국 반도체 기업들에게 새로운 성장 기회를 제공하고 있다.

코스피 상승, 무엇이 달라졌나?

한동안 한국 증시는 늘 같은 평가를 받아 왔다. 좋은 기업은 많지만 주가는 싸고, 수출은 강하지만 시장은 박스권에 갇혀 있으며, 위기가 오면 크게 빠지고 회복은 느리다는 이야기였다. 그래서 코스피는 늘 "언젠가 오르겠지"라는 기대 속에서도 실제로는 박스권 시장으로 인식되었다. 그러나 2025년 하반기부터 시작된 최근의 흐름은 과거와 분명히 다른 모습을 보이고 있다. 단순한 반등이 아니라, 시장 구조 자체가 바뀌는 상승이 나타나고 있기 때문이다.

과거의 주가지수 상승은 경기 회복이 만들었다. 경기가 좋아지면 수출이 늘고 기업 실적이 개선되며 주가지수가 오르는 방식이었다. 그래서 상승은 늘 일시적이었다. 글로벌 경기가 둔화하거나 IT 수요가 꺾이면 곧바로 다시 하락했다. 투자자들은 코스피를 '트레이딩 시장'으로 인식했고, 장기 보유보다는 단기 매매 중심의 시장으로 바라봤다.

하지만 지금의 상승은 출발점이 다르다. 현재 한국 증시를 움직이는 것은 단순한 경기 회복이 아니라 산업 구조 변화다. 특히 인공지능(AI) 인프라 확장은 일회성 수요가 아니라 기술 경쟁을 강제하는 투자다. 기업들은 경쟁에서 뒤처지지 않기 위해 지속적으로 설비투자를 해야 한다.

이 과정에서 고성능 반도체 수요가 급격히 증가하고 있다. 특히 AI 데이터센터 확장은 고대역폭 메모리(HBM)와 같은 고성능 메모리 반도체 수요를 크게 늘리고 있으며, 이는 한국 반도체 기업의 실적과 코스피 지수에 직접적인 영향을 미치고 있다.

과거 반도체 산업이 PC와 스마트폰 교체 주기에 크게 영향을 받았다면, 이제는 기술 경쟁 주기와 함께 움직이는 산업으로 변화하고 있다. 이 구조에서는 수요가 경기와 함께 사라지지 않는다. 그래서 이번 상승은 '좋아졌다가 끝나는 장세'가 아니라 '시장 레벨이 이동하는 장세'에 가깝다.

❙ 시장 구조를 바꾼 세 가지 변화

이런 변화는 기업의 이익 구조와 시장의 평가 방식에도 근본적인 영향을 미치고 있다. 과거 코스피가 오랫동안 저평가(코리아 디스카운트)를 받아 온 주요 원인은 기업 이익이 늘어도 이를 일시적인 경기 사이클의 산물로 치부했기 때문이다. 하지만 최근 한국 증시는 세 가지 결정적인 변화를 맞이하고 있다.

첫째, 기업 이익의 '질적 변화'와 구조적 성장이다.

과거 한국 기업들의 이익은 경기 민감주에 편중되어 변동성이 컸다. 그러나 최근 반도체, 자동차, 이차전지 등 핵심 산업이 글로벌 공급망의 중심에 서면서 이익의 지속성이 높아졌다. 투자자들은 이제 기업 이익을 단순한 경기 회복이 아니라, 산업 패러다임 변화에 따른 '구조적 성장'으로 해석하기 시작했다.

올라운더 투자법

둘째, 파격적인 '주주환원 정책'의 강화다.

과거 한국 기업은 이익을 내부 유보금으로 쌓아둘 뿐 주주에게 돌려주는데 인색하다는 인식이 강했다. 하지만 최근에는 자사주 소각과 배당 확대가 시장의 표준으로 자리 잡고 있다.

대표적인 예로, 삼성전자는 2024년 11월에 발표한 10조 원 규모의 자사주 매입 계획을 시작으로, 2025년과 2026년 현재까지도 공격적인 주주환원 행보를 이어가고 있다. 특히 2026년 3월, 삼성전자는 역대 최대 규모인 약 16조 원 상당의 자사주 소각 계획을 발표했다.

현대자동차 역시 2024년 CEO 인베스터 데이에서 향후 3년간 총 4조 원 규모의 자사주 매입과 함께, 기존 주당 배당금을 최소 1만 원 이상으로 유지하는 등 공격적인 환원책을 내놓았다. 이처럼 주식은 이제 시세 차익뿐만 아니라 안정적인 현금흐름을 제공하는 자산으로 변모하고 있다.

셋째, 글로벌 자금의 '성격 변화'다.

과거 외국인 자금은 환율 변동에 민감하게 반응하며 단기 매매를 반복하는 '핫머니(Hot Money)'의 성격이 강했다. 그러나 최근에는 한국 시장의 펀더멘털을 높게 평가하는 글로벌 연기금 및 장기 펀드(Long-only Fund)의 비중이 확대되고 있다. 특히 2024년 정부의 '기업 밸류업 프로그램' 도입 이후, 한국 기업의 지배구조 개선을 기대하는 패시브 자금이 유입되며 시장의 하방 경직성을 확보해 주고 있다.

결론적으로 지금의 코스피 상승은 이 세 가지 변화가 맞물린 결과다. 산업 구조의 고도화, 자사주 소각 등 주주환원의 실행, 그리고 장기 투자 자금의 유입이 겹치면서 한국 증시는 과거의 지루한 박스피를 벗어나 새로운 구조적 단계로 진입하고 있다. 조정은 언제든 올 수 있지만, 장기적인 방향성은 과거와 질적으로 다른 궤적을 그릴 가능성이 높다.

상승장이란 단순히 가격이 오르는 상태가 아니라, 시장 참여자들이 기업을 바라보는 인식의 틀이 바뀌는 과정이다. 지금 한국 증시에서 일어나는 변화는 바로 그 거대한 인식의 이동이다.

[딥다이브] 삼성전자 자사주 소각의 역사: 60조 원의 약속

삼성전자의 자사주 소각은 단순한 이벤트가 아니라, '코리아 디스카운트'를 해소하고 글로벌 표준에 맞추려는 전략적 선택의 역사다.

1. 2017~2018년: 전설적인 '보유 자사주 전량 소각(약 40조 원)'

당시 삼성전자는 보유하고 있던 자사주 전량을 두 차례에 걸쳐 소각하는 파격적인 결정을 내렸다.

- **규모**: 보통주 약 9억 주, 우선주 약 1.6억 주(당시 가치 약 40조 원)
- **의의**: 발행주식 총수의 약 13%에 달하는 물량을 일시에 제거함으로써 주당 가치를 획기적으로 높였다. 이는 삼성전자가 '주주 중심 경영'으로 완전히 체질을 개선했음을 알린 신호탄이었다.

2. 2024년 11월: 주가 방어의 승부수(10조 원)

글로벌 반도체 업황 우려로 주가가 하락하자, 7년 만에 대규모 자사주 매입 카드를 다시 꺼내 들었다.

- **내용**: 1년간 총 10조 원 규모의 자사주 분할 매입.
- **실행**: 2025년 초까지 1차 매입분인 3조 원어치를 즉시 소각하고, 나머지 7조 원 규모도 조기에 매입을 완료하며 시장의 신뢰를 회복했다.

3. 2026년 3월: 역대 최대 규모의 '결단(16조 원)'

삼성전자는 2026년 상반기 중 보유 자사주를 대거 정리하겠다고 공시했다.

- **규모**: 보통주 및 우선주 총 8,700만 주(약 16조 원 규모).
- **배경**: 인공지능(AI) 반도체 경쟁력 강화와 더불어 '밸류업 프로그램'에 부응하기 위해, 임직원 보상용 물량을 제외한 보유 자사주 전량을 소각하기로 결정했다. 이 결정 직후 삼성전자는 국내 기업 최초로 시가총액 1,000조 원 시대를 열기도 했다.

삼성전자 vs. SK하이닉스: 반도체 상승장의 두 얼굴

▌삼성전자: 경기 민감 대형주, 메모리 반도체 가격 상승 수혜주

삼성전자는 단순한 메모리 반도체 기업이 아니다. 스마트폰, 가전, 파운드리, 범용 DRAM과 NAND까지 모두 포함한 종합 전자·제조 기업의 성격을 가진다. 또한 메모리 사업 외에도 모바일과 파운드리 사업이 함께 존재하기 때문에 특정 반도체 기술의 성공이 곧바로 전체 실적 개선으로 연결되는 구조도 아니다. 그래서 주가의 핵심 변수는 특정 기술 테마의 성공 여부가 아니라 전 세계 IT 경기와 재고 사이클의 회복 여부다. 다시 말해 "AI가 성장하느냐"보다 "산업 전반의 수요가 살아나느냐"가 더 중요하게 작용한다.

이런 구조 때문에 삼성전자는 새로운 수요가 등장할 때 바로 반응하기보다 재고 감소와 가격 상승, 실적 개선이 실제 숫자로 확인된 이후 기관 자금이 들어오면서 상승하는 후행적 특징을 보인다. 상승의 본질 역시 고성장 기대라기보다 저평가 상태에서 정상적인 밸류에이션으로 복귀하는 과정에 가깝다.

불황기에는 장부가치 수준에서 거래되다가 업황이 안정되면 평균 평가로 돌아오며 오르는 형태이기 때문에 상승 속도는 느리지만 기간이 길고 안정적인 흐름을 만든다. 결국 삼성전자는 반도체 업황의 '확산 단계'에서 움직이는 대표적인 '경기 민감 대형주'라고 볼 수 있다.

┃ SK하이닉스: AI 인프라 수혜를 가장 먼저 받는 기업

SK하이닉스는 현재 반도체 산업에서 가장 중요한 부품인 고대역폭 메모리(HBM)를 중심으로 움직이는 기업이다. 특히 HBM 시장은 기술 장벽이 높아 주요 공급자가 제한적이며, SK하이닉스는 이 시장에서 선도적인 위치를 확보하고 있다.

HBM은 AI 연산에 사용되는 GPU에 반드시 장착되는 메모리이기 때문에 실적이 일반 경기보다 AI 인프라 투자 규모에 직접적으로 연결된다. 고객이 소수이고 공급이 제한되어 있기 때문에 주문이 발생하면 미래 매출과 이익이 상당 부분 미리 확정되는 구조를 가진다. 이 때문에 시장은 실제 실적 발표를 기다리지 않고 투자 계획이나 수요 전망이 나오는 시점에서 먼저 주가를 올리는 선행적 특징을 갖는다.

또 HBM 사업은 가격 상승 시 이익 증가 속도가 매출 증가 속도보다 훨씬 빠르게 나타나는 구조를 가진다. 이 때문에 영업이익이 급격히 확대되는 국면이 만들어진다. 그래서 하이닉스는 전통적 메모리 기업이라기보다 AI 인프라 확장의 레버리지 자산처럼 움직이는 성장주 성격을 보인다. AI 투자 사이클이 시작될 때 가장 먼저 반응하는 반도체 기업이다.

┃ AI 수요가 반도체 업황으로 전달되는 구조

반도체 업황의 실제 전달 과정은 혁신 수요에서 시작해 산업 전반으로 확산되는 구조를 가진다. 먼저 AI 투자 확대가 발생하면 GPU 생산이 늘고 이에 필요한 고대역폭 메모리가 부족해지면서 하이닉스의 실적이 급격히 개선된다. 이후 메모리 가격이 전반적으로 상승하고 범용 메모리 업황이 회복되면 그때 비로소 삼성전자의 실적이 개선된다.

즉 하이닉스는 수요가 최초로 나타나는 지점에 위치하고 삼성전자는 그 수요가 산업 전체로 퍼진 결과를 반영하는 위치에 있다. 그래서 시장에서는 항상 하이닉스가 먼저 상승해 상승장의 신호를 만들고, 업황이 확인되면 삼성전자가 뒤따라 상승하며 장세를 완성하는 흐름이 반복된다.

결국 현재 반도체 상승장은 '선행 수혜 기업이 문을 열고 대표 대형주가 상승장을 완성하는 구조'로 움직이고 있다.

지금 반도체는
전통적인 사이클이 아니다

과거 반도체 사이클의 구조

과거 반도체 산업은 명확한 경기 순환 산업이었다. 새로운 IT 기기가 등장하면 수요가 늘고, 이에 맞춰 생산설비 투자가 급증하는 구조였다. PC 시대엔 개인용 컴퓨터 보급 확대가 시장을 이끌었다면, 스마트폰 시대에는 모바일 교체 수요가, 그 이후에는 서버 증설이 시장을 이끌었다.

그러나 반도체는 대규모 고정비 산업이기 때문에 여러 반도체 기업이 동시에 생산 능력을 늘리면, 일정 시점 이후 공급이 수요를 초과하게 된다. 그 결과 재고가 쌓이고 가격이 급락하며 업황이 붕괴하는 패턴이 반복됐다. '수요 증가 → 투자 확대 → 과잉 공급 → 가격 폭락'이라는 사이클이 반도체 하락장의 전형적인 원인이었다. 이 때문에 반도체는 대표적인 경기 민감 사이클 산업으로 분류되었다.

현재 사이클: AI 메모리 사이클의 형성

현재 반도체 시장은 과거와 전혀 다른 구조로 움직이고 있다. 시작점은 소비자 기기가 아니라 AI 데이터센터다. 대규모 연산을 위해 GPU가 설치되면 그 옆에는 반드시 고대역폭 HBM이 필요하고, 이 부품을 공급할 수 있는 기업은 극히 제한적이다.

수요가 먼저 확정된 뒤 생산이 뒤따르는 구조이기 때문에 과잉투자가 발생하기 어렵고, 오히려 물량 부족이 지속된다. 그 결과 가격은 상승하고 업체들은 무리하게 생산 능력을 늘리기보다 공급을 통제하면서 수익성을 극대화하게 된다. 전통적인 반도체 산업이 물량 경쟁이었다면 현재 반도체 산업은 기술 장벽에 의해 공급 자체가 제한되는 시장으로 바뀐 것이다.

가격 상승과 장기 공급 부족

이 구조 변화는 실제 시장에서도 확인된다. 메모리 가격은 단기간에 수십 퍼센트 상승했고, 수요 대비 생산 능력이 부족해 공급 부족이 장기간 이어질 가능성이 제기된다. 특히 AI 서버용 핵심 부품인 HBM은 이미 상당 기간 선주문으로 판매가 확정되어 있어 일반적인 재고 사이클이 작동하지 않는다. 즉 수요가 줄어 가격이 급락하는 전통적 조정 과정이 나타나기 어려운 환경이 형성된 것이다.

수요 파괴가 없는 상승장

2025년 하반기부터 이어지고 있는 반도체 상승장의 본질은 수요가 경기 변동에 의해 사라지지 않는다는 점이다. 과거에는 소비자 교체 수요가 줄면 시장이 곧바로 위축됐지만, 2026년 지금은 AI 인프라 투자 자체가 산업 경쟁력과 직결되기 때문에 기업들이 투자를 중단하기 어렵다. 특히 대형 클라우드 기업들은 연산 능력 확보 경쟁을 지속해야 하므로 설비투자가 반복적으로 발생한다.

결국 현재 반도체 업황은 '경기가 좋아서 상승하는 장세'가 아니라 '기술 경쟁 때문에 투자가 강제되는 장세'다. 그래서 가격 하락을 유발하는 수요 붕괴가 쉽게 발생하지 않는 구조가 만들어지고 있다.

제3장

위기가 만드는
투자 기회

위기는 최고의 투자 기회가 된다

주식시장에서 가장 큰 수익은 언제 만들어질까?

많은 투자자는 상승장이 한창일 때라고 생각한다. 그러나 시장의 역사를 보면 가장 큰 투자 기회는 오히려 경제가 가장 불안정할 때 등장하는 경우가 많다.

경제 위기가 발생하면 기존 산업의 균형이 깨지고 새로운 산업이 빠르게 성장한다. 그 과정에서 시장의 중심이 되는 기업들이 등장하고, 이 기업들은 이후 몇 년 동안 주식시장의 상승을 이끌기도 한다.

2000년대 초 닷컴 버블 이후에는 아마존과 구글이 등장했고, 2008년 금융위기 이후에는 애플과 테슬라가 시장을 이끌었다. 그리고 2020년 팬데믹은 글로벌 경제를 마비시키는 충격적인 사건이었지만 동시에 새로운 산업의 성장을 촉진하는 계기가 되었다. 특히 다음 세 가지 산업이 빠르게 성장했다.

- 비대면 플랫폼
- 클라우드와 인공지능 인프라
- 바이오 기술

이 변화는 단순한 일시적 현상이 아니라 이후 몇 년간 이어지는 구조적 투자 기회를 만들어냈다. 투자자에게 중요한 것은 위기를 피하는 것이 아니라 위기 속에서 어떤 산업이 성장하고 있는지를 읽어내는 능력이다.

▌ 이 장에서 다룰 내용

이 장에서는 실제 시장 사례를 통해 위기 속에서 탄생하는 투자 기회와 종목을 찾는 방법을 살펴본다. 특히 다음 세 가지를 중심으로 설명한다.

- 팬데믹이 만든 텐배거 기업들의 공통점
- 혁신 산업에서 성장 기업을 찾는 방법
- 바이오와 조선처럼 구조적 상승이 가능한 산업

이 장을 읽고 나면 투자자는 단순히 '지금 오르는 종목'이 아니라 앞으로 성장할 산업과 기업을 찾는 시각을 갖게 될 것이다.

그림 1-1. 위기가 만드는 투자 기회의 구조

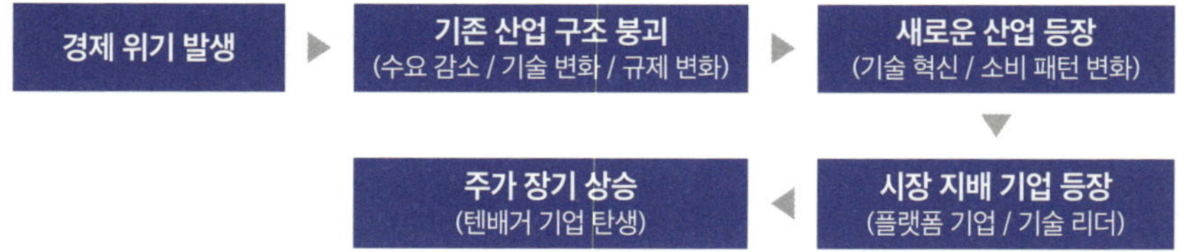

표 1-3. 위기 이후 등장한 대표 투자 기회

위기 사건	산업 변화	대표 기업	이후 시장 영향
2000 닷컴 버블 붕괴	인터넷 플랫폼 성장	아마존, 구글	디지털 경제 확산
2008 글로벌 금융위기	스마트폰 혁명	애플	모바일 생태계 확대
2020 코로나 팬데믹	비대면·클라우드	줌, 넷플릭스	원격경제 확산
2023 AI 투자 사이클 시작	AI 인프라 투자	엔비디아	AI 산업 성장

올라운더 투자법

팬데믹이 만든
세 가지 텐배거 산업

▌비대면 플랫폼: 줌과 넷플릭스

팬데믹은 원격 근무와 온라인 커뮤니케이션을 일상적인 업무 방식으로 바꾸었다. 이 변화의 가장 큰 수혜 기업이 바로 화상회의 플랫폼인 줌(Zoom)이다. 팬데믹 이전 줌은 기업용 화상회의 서비스 중 하나에 불과했지만, 재택근무와 원격 교육이 확산되면서 전 세계적으로 필수 플랫폼으로 자리 잡았다.

2020년 초 약 70달러 수준이던 주가는 같은 해 10월 약 588달러까지 상승했다. 불과 몇 달 만에 약 740% 상승한 것이다. 같은 기간 매출은 약 6억 달러에서 40억 달러 이상으로 증가했다.

넷플릭스 역시 팬데믹 기간 동안 강한 성장세를 보였다. 외부 활동이 제한되면서 스트리밍 콘텐츠 소비가 크게 증가했기 때문이다. 구독자 수는 빠르게 늘었고 글로벌 콘텐츠 시장에서 넷플릭스의 영향력도 더욱 확대되었다.

팬데믹이 끝난 뒤, 이들 기업은 '반짝 특수'를 넘어 생존을 위한 구조적 변화를 겪었다. 2026년 현재, 두 기업은 서로 다른 궤적을 그리며 진화하고 있다.

먼저 줌은 엔데믹(endemic, 종식되지 않고 주기적으로 발생하는 감염병 상태. 투자 시장에서는 '비대면 특수'가 사라진 시기를 의미한다)과 함께 강한 조정을 받았다. 2026년 3월 기준 주가는 70~80달러 선에서 거래되며 팬데믹 이전 수준으로 회귀한 상태다. 과거와 같은 폭발적인 주가 상승은 멈췄지만, 기업용 시장에서의 영향력은 여전하다. 2026년 줌은 단순 화상회의를 넘어 'AI 컴패니언 3.0'을 출시하며 업무 자동화 플랫폼으로 변신했다. 2026 회계연도 매출은 약 48억 7,000만 달러를 기록하며 완만한 성장세를 유지하고 있다.

넷플릭스는 줌과 달리 엔데믹의 위기를 성장의 발판으로 삼았다. 2026년 3월 기준 넷플릭스의 주가는 90달러 내외(액면분할 등 조정치 반영 시 역대급 시가총액 유지 중)이며, 글로벌 구독자 수는 3억 2,500만 명을 돌파하며 압도적 1위를 지키고 있다.

넷플릭스는 2024년부터 본격화한 계정 공유 유료화와 광고형 저가 요금제가 신의 한 수가 되었다. 2025년 광고 매출만 15억 달러를 기록했으며, 2026년에는 이보다 2배 성장한 30억 달러의 광고 수익을 거둘 것으로 전망된다. 이제 넷플릭스는 단순한 스트리밍 서비스를 넘어 거대한 광고 플랫폼으로 진화했다는 평가를 받는다.

표 1-4. 팬데믹 수혜주, 엇갈린 운명

구분	줌(Zoom)	넷플릭스(Netflix)
팬데믹 당시 (2020)	화상회의 필수화로 주가 약 740% 폭등(고점 588달러)	집콕 문화 확산으로 구독자 및 시청 시간 급증
엔데믹 위기 (2022~2023)	대면 복귀로 인한 이용자 이탈 및 성장 정체	구독 시장 포화 및 계정 공유로 인한 수익성 악화
현재 상황 (2026)	체질 개선 중. 주가 70~80달러 선 박스권 유지	제2의 전성기. 주가 사상 최고치 수준 회복
핵심 전략	AI 업무 자동화: AI 컴패니언을 통한 기업용 협업 플랫폼(SaaS)으로 확장	수익 모델 다변화. 광고 요금제 안착, 계정 공유 유료화, 라이브 스트리밍 (스포츠 등) 진출
투자 시사점	일시적 유행을 넘어선 새로운 성장 동력 증명이 관건	압도적 콘텐츠 경쟁력과 비즈니스 모델 혁신의 승리

올라운더 투자법

AI와 클라우드 인프라: 엔비디아와 아마존

팬데믹은 디지털 전환을 가속화했다. 이제 시장의 관심은 단순한 소프트웨어를 넘어, AI를 구동하는 연산 능력(compute)과 이를 담는 클라우드로 이동하고 있다. 이에 기업들은 클라우드 기반 IT 인프라를 빠르게 확장하기 시작했고 데이터센터 투자가 급격히 증가했다.

이 변화의 가장 큰 수혜 기업 중 하나가 엔비디아(NVIDIA)다. 엔비디아는 GPU 기반 컴퓨팅 기술을 통해 인공지능과 데이터센터 시장에서 핵심 기업으로 성장했다. 데이터센터 사업은 빠르게 확대되었고 AI 기술 발전과 함께 GPU 수요가 폭발적으로 증가했다. 이후 엔비디아는 단순한 그래픽카드 기업이 아니라 AI 인프라 기업으로 재평가되기 시작했다.

전자상거래와 클라우드 서비스 기업인 아마존(Amazon) 역시 팬데믹의 대표적인 수혜 기업이다. 온라인 소비가 급증하면서 전자상거래 매출이 크게 증가했고, AWS 클라우드 사업 역시 빠르게 성장했다.

이 시장에서 앞으로 주목할 기업은 무엇이 있을까? 먼저 반도체 분야에서는 AMD와 브로드컴(Broadcom)이 AI 반도체 시장에서 빠르게 성장하고 있다. 우선, AMD는 데이터센터용 GPU인 MI300 시리즈를 앞세워 엔비디아의 독주에 제동을 걸고 있다. 2024년 데이터센터 부문 매출이 전년 대비 약 80% 이상 급증했으며, 2026년 현재 AI 가속기 시장 점유율을 두 자릿수까지 끌어올렸다. 특히 마이크로소프트와 메타(Meta) 등 빅테크 기업들이 엔비디아 의존도를 낮추기 위해 AMD 채택을 늘리면서 매출 가이던스를 매 분기 상향 조정하고 있다.

브로드컴은 단순히 칩을 파는 회사가 아니라, AI 데이터센터 내부의 '신경망'을 연결하는 네트워킹 솔루션의 1인자다. 구글과 메타의 맞춤형 AI 칩(ASIC) 설계를 주도하며, AI 관련 매출 비중이 전체의 50%를 넘어섰다.

2024년 6월 10대 1 주식분할 이후에도 견고한 이익 성장세를 바탕으로 주가는 팬데믹 저점 대비 약 500% 이상 상승했다.

또 하나의 핵심 영역은 클라우드 플랫폼이다. 단순 저장 공간을 제공하던 클라우드 기업들은 이제 'AI 파운드리(AI 생산 공장)'로 재정의되고 있다. 아마존의 AWS, 마이크로소프트의 애저(Azure), 알파벳의 구글 클라우드(Google Cloud)가 클라우드 3강으로 각축을 벌이고 있다.

그중 AWS가 압도적인 1위 점유율을 바탕으로 '가성비와 생태계'에 집중하고 있다. 자체 설계한 AI 칩 '트레이니엄(Trainium)'과 '인퍼런시아(Inferentia)'를 통해 고객사들이 엔비디아 칩보다 저렴하게 AI를 학습시킬 수 있는 환경을 구축했다.

애저는 오픈AI(OpenAI)와의 독점적 파트너십을 통해 '가장 빠른 상용화'에 성공했다. 챗GPT 기술을 전 제품군에 이식하며 클라우드 매출 성장률에서 매 분기 구글과 아마존을 압도하고 있다.

구글 클라우드는 자체 개발한 AI 특화 가속기인 TPU(Tensor Processing Unit)가 강력한 무기다. 전 세계 인프라 중 가장 효율적인 대규모 언어 모델(LLM) 학습 환경을 갖추고 있어, 애플(Apple) 등 대형 고객사들이 구글 인프라를 선택하는 핵심 이유가 되고 있다.

결국 AI 인프라 시장의 핵심 투자 포인트는 단순한 소프트웨어 기업이 아니라 연산 능력을 공급하는 하드웨어와 데이터센터 인프라 기업에 있다.

표 1-5. 글로벌 3대 클라우드 플랫폼의 AI 전략 비교

플랫폼	핵심 강점	AI 관련 주요 무기
AWS	시장 점유율 1위, 범용성	자체 칩 트레이니엄(Trainium)을 통한 비용 절감
애저(Azure)	기업용 소프트웨어 결합	오픈AI 파트너십 및 코파일럿(Copilot) 이식
구글(Google)	원천 기술 및 하드웨어 최적화	TPU(AI 특화 가전) 및 제미나이 모델

> **TIP**
>
> **[딥다이브] AI의 두뇌: GPU vs. TPU 무엇이 다른가?**
>
> - GPU(Graphics Processing Unit, 그래픽 처리 장치): AI 학습뿐만 아니라 그래픽 렌더링, 암호화폐 채굴, 과학 시뮬레이션 등 다양한 분야에 범용적으로 쓰인다. 엔비디아의 강점은 바로 이 '범용성'에 있다. 어떤 AI 모델이 유행하든 상관없이 엔비디아 GPU는 반드시 필요하기 때문에 시장 지배력이 압도적이다.
>
> - TPU(Tensor Processing Unit, 텐서 처리 장치): 구글이 자사의 머신러닝 프레임워크인 '텐서플로(TensorFlow)'를 가장 효율적으로 구동하기 위해 직접 설계한 AI 전용 맞춤형 반도체(ASIC)다. 불필요한 기능을 모두 제거하고 오직 AI 연산(행렬 계산)에만 모든 자원을 집중한다. 동일한 AI 작업을 수행할 때 GPU보다 전력 소모가 적고 속도가 매우 빠르다. 2026년 현재, 애플(Apple)은 자사 AI 모델 학습에 TPU를 선택했다.

▌바이오 혁신: 모더나

팬데믹이 만든 또 하나의 투자 기회는 바이오 산업이다. 모더나(Moderna)는 mRNA 기술 기반 코로나19 백신 개발에 성공하면서 전 세계적인 주목을 받았다. 팬데믹 기간 중 시가총액이 최대 20배 이상 급증하며 거대 제약사의 반열에 올랐다. 2019년 매출이 약 6,000만 달러에 불과했던 모더나는 2022년 매출 190억 달러를 정점으로 찍은 뒤, 2026년 현재 호흡기 세포융합 바이러스(RSV) 백신과 차세대 암 백신(mRNA-4157)의 상용화 단계에 진입하며 '포스트 코로나' 매출 구조를 안착시켰다. 특히 머크(MSD)와 공동 개발 중인 맞춤형 암 백신은 2025년 임상 3상에서 긍정적인 데이터를 확보하며, 주가가 엔데믹 저점 대비 다시 회복세를 보이는 원동력이 되었다.

모더나의 성공은 단순히 코로나 백신 하나의 성공이 아니라 mRNA 기술 플랫폼의 가능성을 보여준 사건이었다. mRNA 기술은 특정 단백질을 인체가 직접 생성하도록 만드는 방식으로, 전통적인 백신보다 개발 속도가 훨씬 빠르다는 장점이 있다. 이 기술은 감염병 백신뿐 아니라 암 치료 백신, 희귀 질환 치료제 등 다양한 분야로 확장될 가능성이 있다.

현재 글로벌 바이오 산업에서 mRNA 기술을 중심으로 연구개발을 진행하는 기업들도 투자자들의 주목을 받고 있다. 대표적인 기업이 바이오엔테크(BioNTech)와 큐어백(CureVac)이다. 특히 바이오엔테크는 화이자와 공동 개발한 코로나 백신 이후 암 백신 연구를 적극적으로 진행하며 차세대 바이오 플랫폼 기업으로 평가받고 있다.

바이오엔테크는 2026년 현재, 독자적인 항암 파이프라인(BNT122 등)을 20개 이상 가동 중이다. 2025년 기준 현금성 자산만 약 100억 유로를 보유하여, 공격적인 M&A를 통해 차세대 면역 항암제 시장의 포식자로 성장했다. 큐어백은 팬데믹 초기 백신 개발은 늦었으나, 2차 항체 생성 효율을 극대화한 '2세대 mRNA' 기술로 글락소스미스크라인(GSK)과 협력을 강화하고 있다. 2024년 말 대규모 특허 승소 이후 기술력을 재입증받으며 재평가되고 있다.

또 하나의 중요한 바이오 투자 분야는 유전자 치료와 세포 치료 기술이다. 이 분야에서는 크리스퍼 테라퓨틱스(CRISPR Therapeutics), 버텍스 파마슈티컬스(Vertex Pharmaceuticals) 같은 기업들이 혁신적인 치료법을 개발하며

표 1-6. mRNA 기업의 구조적 차이: 플랫폼 vs. 파이프라인

구분	플랫폼 기업	연구개발·파이프라인 기업
기업명	모더나	바이오엔테크, 큐어백 등
핵심 개념	기술 그 자체가 상품. 하나의 운영체제(OS)처럼 다양한 질병에 즉각 적용 가능한 기술 기반 보유.	특정 질병의 치료제 개발 중심. 특정 질환에 대한 효능 입증과 임상 결과에 집중.
수익 구조	기술 라이선스 아웃 및 자체 제품 생산 병행.	특정 신약의 임상 성공과 판매 로열티.

올라운더 투자법

시장의 기대를 받고 있다.

버텍스와 크리스퍼 테라퓨틱스가 공동 개발한 세계 최초의 유전자 가위(CRISPR) 치료제 '카스게비(Casgevy)'가 2023년 영국과 미국에서 승인을 받았고, 2024년 본격적으로 상용화되었다. 카스게비는 환자의 몸에서 혈액 줄기세포를 꺼낸 뒤 유전자 가위로 유전자를 교정하여 다시 몸속에 넣어줌으로써 낫적혈구(겸상 적혈구) 빈혈증을 완치하도록 설계되었다.

낫적혈구 빈혈증, 혹은 겸상 적혈구 빈혈증은 유전자 변이로 둥근 도넛 모양이어야 할 적혈구가 낫(sickle) 모양으로 변하는 유전질환이다. 과거에는 골수 이식 외에는 근본적인 치료법이 없었으나 카스게비는 단 한 번의 투여로 평생의 고통에서 벗어날 수 있는 원샷 완치제의 시대를 열었다는 점에서 기념비적인 사건으로 평가된다.

위기 속에서 등장하는 투자 패턴

팬데믹 사례가 보여주는 중요한 사실은 하나다. 위기는 새로운 산업을 만든다는 것이다. 경제 위기 이후 투자 기회는 다음과 같은 패턴으로 나타나는 경우가 많다.

1. 위기가 기존 산업 구조를 흔든다.
2. 새로운 기술이나 산업이 빠르게 성장한다.
3. 그 산업에서 시장 지배 기업이 등장한다.

이 과정에서 주식시장의 관심도 자연스럽게 이동한다. 기존 산업에서 자금이 빠져나가고 새로운 성장 산업으로 투자 자금이 집중되기 시작한다. 그 결과 특정 산업이 장기간 시장을 주도하는 현상이 나타난다.

따라서 위기 상황에서 투자자가 해야 할 일은 단순히 주가가 많이 떨어진 기업을 찾는 것이 아니다. 더 중요한 것은 어떤 산업이 새롭게 성장하고 있는지를 파악하는 것이다.

특히 산업 초기에는 기업 간 경쟁 구도가 빠르게 형성되며 시장의 승자가 결정되기 시작한다. 기술 경쟁력, 시장 점유율, 자본 투자 규모 등 여러 요소가 결합되면서 몇몇 기업이 빠르게 시장을 장악하게 된다. 투자자 입장에서 중요한 것은 바로 이 시점이다. 산업이 본격적으로 성장하기 시작하는 단계에서 핵심 기업을 발견할 수 있다면 장기적인 투자 기회를 잡을 가능성이 높아진다.

앞에서 살펴본 반도체 산업이 현재 한국 증시의 핵심 축이라면, 그 밖에도 시장에서 강한 투자 흐름이 형성되는 산업들이 존재한다. 특히 바이오 산업과 조선 산업은 서로 다른 이유로 투자자들의 관심을 받고 있는 분야다.

다음에서는 이런 산업 구조 변화 속에서 주목해야 할 섹터별 투자 인사이트와 대표 기업을 구체적으로 살펴보자.

제4장

섹터 투자 전략:
바이오와 조선

바이오 섹터 투자 인사이트

바이오 산업은 높은 성장 잠재력을 가진 대표적인 혁신 산업이다. 신약 개발, 유전자 치료, 바이오시밀러, 백신 등 다양한 분야에서 기술 혁신이 이루어지고 있으며 고령화 사회로 접어들면서 의료 수요도 지속적으로 증가하고 있다.

그러나 바이오 산업은 높은 성장 잠재력과 동시에 높은 리스크를 가진 산업이기도 하다. 신약 개발 과정이 길고, 임상시험 실패 가능성이 존재하기 때문이다. 따라서 바이오 투자는 몇 가지 핵심 요소를 중심으로 분석해야 한다.

바이오 산업의 또 하나의 특징은 기술 플랫폼 기업과 완제품 제약 기업의 구조가 동시에 존재한다는 점이다. 전통적인 제약사는 자체 신약을 개발해 판매하는 방식으로 성장하지만, 최근에는 플랫폼 기술을 기반으로 글로벌 제약사에 기술을 이전하고 로열티를 받는 사업 모델도 빠르게 확산되고 있다. 이런 플랫폼 기업은 하나의 신약 성공에 의존하지 않고 여러 제약사와 협력할 수 있기 때문에 장기적으로 안정적인 수익 구조를 만들 수 있다. 최근 글로벌 바이오 시장에서 기술 이전 계약 규모가 크게 증가하는 것도 이런 변화와 관련이 있다.

바이오 투자 체크리스트

임상시험 단계

신약 개발은 전임상 → 1상 → 2상 → 3상 임상시험을 거쳐 진행된다. 일반적으로 임상 단계가 높아질수록 성공 확률이 높아지지만 개발 비용도 크게 증가한다. 투자자는 해당 기업의 주요 파이프라인이 어느 임상 단계에 있는지를 반드시 확인해야 한다.

임상 결과 발표 시에는 통계적 유의성을 확보했는지, 그리고 1차 평가 지표(primary endpoint)를 달성했는지 확인해야 한다. 1차 평가 지표란 해당 임상 시험의 성패를 결정짓는 가장 핵심적인 목표로 종양 감소율, 생존 기간 연장 같은 것이다.

통계적 유의성을 나타내는 p-밸류(p-value)는 이 약의 효과가 진짜인가, 아니면 어쩌다 일어난 우연인가를 판가름하는 가장 중요한 잣대다. 약효가 전혀 없는데도 우연히 이런 결과가 나올 확률을 p-밸류라고 한다. 보통 p-밸류가 0.05(5%)보다 작을 때 투자 관점에서 임상 성공으로 해석한다.

주의할 점은 임상 2상에서는 환자 수가 적어 p-밸류를 맞추기 쉽지만, 수천 명을 대상으로 하는 3상에서는 변수가 많아 p-밸류가 0.05 위로 튀는 경우가 많다는 것이다. 다른 한편, P-밸류가 0.01로 매우 낮아도, 실제 회복 기간이 고작 1시간 단축된 정도라면 시장성은 없을 수 있다. 수치적으로 확실한가와 실제로 환자에게 유용한가를 동시에 봐야 한다.

기술 플랫폼

바이오 기업의 경쟁력은 기술 플랫폼에서 나온다. 하나의 신약에 의존하는 기업보다 여러 신약 개발에 활용할 수 있는 플랫폼 기술을 가진 기업이 장기적으로 더 높은 가치를 가지는 경우가 많다.

플랫폼 기술은 단순히 '여러 약을 만든다'는 의미를 넘어, '실패의 리스크를 분산한다'는 뜻이다. 특정 후보 물질 하나가 임상에 실패하더라도, 그 기반이 되는 플랫폼 기술 자체가 인정된다면 기업 가치는 급락하지 않는다. 그런 플랫폼 기술의 예로는 LNP 전달 기술, ADC 링크 기술 등이 있다.

최근에는 하나의 원천 기술(플랫폼)을 활용해 만든 여러 신약 후보 물질(파이 프라인)을 각각 다른 글로벌 대형 제약사들에 중복해서 수출하는 사례가 늘 고 있다. 이는 특정 신약 하나가 실패해도 기업 전체가 흔들리지 않는 강력 한 리스크 분산 효과를 가져온다.

특히 항체-약물 접합체(ADC)는 암세포만 정밀 타격하는 '유도미사일'과 같 아, 기존 항암제보다 부작용이 적고 효능이 높아 현재 글로벌 바이오 M&A 시장의 최대 화두다.

재무 안정성

신약 개발에는 막대한 자금이 필요하다. 따라서 바이오 기업에서 재무제표 는 생존의 마지노선이다. 단순히 현금이 얼마나 있느냐보다 현재 보유 현 금으로 임상 종료 시점까지 버틸 수 있는지를 따져봐야 한다. 만약 현금 소 진 시점이 1년 미만인데 대규모 임상을 앞두고 있다면, 주주배정 유상증자 나 전환사채(CB) 발행으로 인한 주식 가치 희석 리스크가 매우 크다(전환사 채 관련해선 2부 메자닌 투자를 참고하라).

영업활동 현금흐름이 마이너스이더라도, 글로벌 제약사로부터 유입되는 반 환 의무 없는 계약금(upfront fee) 비중이 높은 기업은 재무적 신뢰도가 높다.

표 1-7. 바이오투자 체크리스트

항목	질문 리스트	투자 판단 가이드
임상 데이터	임상의 평가 지표가 명확하고 통계적으로 유의미한가?	데이터가 모호하거나 사후 분석에 의존한다면 주의
플랫폼 확장성	기술 수출(License-out) 경험이 있거나 가능성이 높은가?	글로벌 빅파마가 선택한 기술은 이미 1차 검증이 끝난 셈
재무 안전성	현재 현금으로 향후 2년 이상 운영이 가능한가?	자금 소진 시기가 짧으면 갑작스러 운 증자로 주가가 급락할 수 있음

알테오젠(Alteogen): 플랫폼에서 현금 창출원으로

알테오젠은 바이오 플랫폼 기술을 기반으로 글로벌 제약사와 기술 이전 계약을 체결하며 성장한 대표적인 바이오 기업이다. 특히 ALT-B4 기술은 글로벌 제약사와 협력 가능성이 높은 플랫폼으로 평가받고 있다.

알테오젠의 핵심 경쟁력은 피하주사(SC) 제형 전환 기술이다. 기존 정맥주사(IV) 방식의 항암제나 바이오 의약품을 피하주사 방식으로 바꾸면 투여 시간이 크게 줄어 환자 편의성이 높아진다.

2024년 알테오젠은 세계 1위 항암제인 '키트루다'의 피하주사(SC) 제형 전환에 대해 머크와 독점 라이선스 계약을 체결했다. 이는 단순 기술 수출을 넘어, 향후 키트루다 매출에 비례해 천문학적인 로열티(런닝 로열티)가 유입되는 구조로 바뀌었음을 의미한다.

알테오젠은 이제 '기대감'이 아닌 '현금 흐름'으로 평가받는 단계다. 2025년부터 본격화된 로열티 수익이 영업이익에 어떻게 반영되는지가 핵심 관전 포인트다.

삼천당제약(SCD): 경구용 플랫폼의 파괴력

삼천당제약은 바이오시밀러와 경구용 치료제 개발을 중심으로 글로벌 시장 진출을 확대하고 있다. 특히 황반변성 치료제(아일리아) 바이오시밀러 외에, 경구용 인슐린 및 GLP-1 기술 개발이 주요 성장 동력으로 평가된다.

삼천당제약의 숨은 병기는 주사제를 먹는 약으로 바꾸는 'S-PASS' 플랫폼이

다. 특히 최근 전 세계적인 열풍인 비만 치료제(GLP-1)를 먹는 형태로 개발하여 글로벌 제약사들과 공급 계약 및 기술 수출을 논의 중이라는 점이 강력한 상방 모멘텀이다. 바이오시밀러는 가격 경쟁이 치열한 '레드오션'이지만, 주사제를 먹는 약으로 바꾸는 기술은 독보적인 '블루오션'이다.

한미약품(Hanmi Pharm): 비만 치료제 국산화의 선두주자

한미약품은 국내 제약사 중 가장 활발하게 글로벌 기술 이전을 진행해 온 기업이다. 최근에는 GLP-1 기반 비만 치료제 시장 확대와 함께 다시 주목받고 있다.

한미약품이 시장에서 주목받는 이유는 플랫폼 기반 신약 개발 능력 때문이다. 특히 장기 지속형 약물 전달 기술인 랩스커버리(LAPSCOVERY) 플랫폼은 투여 횟수를 줄여 환자 편의성을 높이는 기술로 평가받는다.

한미약품은 또 한국인의 체형에 최적화된 비만 치료제 '에페글레나타이드'를 필두로, 차세대 비만 치료제 라인업인 H.O.P 프로젝트를 가동 중이다. 단순 기술 수출을 넘어 국내 시장 독점 및 글로벌 임상을 직접 주도하며 독자적인 상업화 역량을 증명하고 있다.

글로벌 제약사들이 장기 지속형 치료제를 선호하는 추세가 이어지고 있기 때문에 향후 추가 기술 이전 가능성도 꾸준히 거론되고 있다.

한미약품은 지배구조 이슈(경영권 분쟁)가 변수로 작용할 수 있으므로, 기업의 본질적 가치와 별개로 지배구조 리스크를 체크할 필요가 있다.

리가켐바이오(LigaChem Bio): ADC 분야의 글로벌 스탠다드

리가켐바이오는 ADC 기술 기반 플랫폼 기업이다. 글로벌 제약사와의 기술 계약을 통해 로열티 기반 수익 모델을 구축하고 있다.

ADC(항체-약물 접합체)는 최근 글로벌 제약 산업에서 가장 빠르게 성장하는

표 1-8. 국내 주요 바이오 기업 핵심 기술

기업명	핵심 플랫폼 기술	주력 분야	투자 포인트
알테오젠	ALT-B4(피하주사 제형 변경 기술)	면역항암제 등	머크(MSD) 독점 계약에 따른 로열티 본격화
삼천당제약	S-PASS(경구용 전환)	비만치료제, 황반변성	먹는 비만치료제 및 인슐린 글로벌 판권 계약
한미약품	랩스커버리(LAPSCOVERY, 약효 지속 기간 연장 기술)	비만·당뇨, 대사질환	한국형 비만 치료제(H.O.P) 상용화 기대감
리가켐바이오	콘쥬올(ConjuAll, ADC 차세대 결합 기술)	차세대 항암제	글로벌 빅파마와의 다중 기술 수출 및 파이프라인 확장

※ 투자 포인트는 2026년 기준임.

항암 치료 기술 중 하나다. ADC는 암세포만 타격하는 '유도미사일' 기술이다. 리가켐은 이 미사일의 '탄두(약물)'와 '운반체(항체)'를 연결하는 '링커(Linker)' 기술에서 세계 최고 수준이다.

리가켐바이오는 2023년 말 얀센(J&J 자회사)과 총액 약 2.2조 원 규모의 ADC 신약 후보 물질 기술 이전 계약을 체결하며 기술력을 입증했다. 이는 한국 바이오 역사상 단일 물질 기준 최대 규모 수준이며, 현재 10개 이상의 파이프라인이 글로벌 빅파마들의 타깃이 되고 있다.

조선 섹터 투자 인사이트

▋ 한국 조선 산업이 다시 주목받는 이유

한국 조선 산업은 최근 몇 년 사이 다시 글로벌 시장에서 주목받고 있다.

단순한 수주를 넘어 역대급 이익 구간에 진입한 상태다. 가장 큰 이유는 고부가가치 선박인 친환경 선박 수요 증가다. 국제해사기구(IMO)는 2050년까지 해운 산업 탄소 배출을 크게 줄이겠다는 목표를 제시했다. 이 정책은 기존 선박을 친환경 선박으로 교체하는 대규모 발주를 촉발하고 있다. 특히 LNG 운반선과 친환경 연료 선박 분야에서 한국 조선업체들은 세계 최고 수준의 기술력을 보유하고 있다.

조선 산업의 특징은 장기 수주 산업이라는 점이다. 선박 계약이 체결되면 실제 건조와 인도까지 2~3년 이상이 걸리기 때문에 수주잔고가 곧 미래 매출로 이어지는 구조를 가진다. 따라서 투자자들은 단기 실적보다 수주잔고와 신규 수주 흐름을 더 중요하게 보는 경우가 많다. 최근 글로벌 해운사들이 친환경 선박으로 교체를 진행하면서 한국 조선사들의 수주잔고도 빠르게 증가하고 있다.

투자 관점에서 한국 조선업을 주목해야 할 근거를 3가지 지표로 정리해 본다.

첫 번째, 신조선가 지수(Newbuilding Price Index)다. 신조선가 지수란 새로 만드는 배의 가격 지수를 뜻한다. 2026년 현재 이 지수는 과거 슈퍼 호황기였던 2008년 수준에 근접하고 있다. 배 값이 비싸질 때 수주한 물량들이 이제 실제 매출로 잡히고 있다.

두 번째, 수주잔고(backlog)다. 한국 빅3 조선사는 이미 3~4년치 일감을 확보했다. 이제는 도크(dock, 배를 만드는 작업장)가 꽉 차서 더 비싼 값을 부르는 선주의 배만 골라 잡는 '선별 수주'가 가능해졌다.

세 번째, 실적 턴어라운드다. 10년 가까운 불황을 끝내고 2024년부터 모든 대형 조선사가 흑자 전환에 성공했으며, 2026년은 영업이익률이 본격적으로 극대화되는 구간이다.

HD현대중공업: 엔진부터 방산까지, 수직계열화의 승리

HD현대중공업은 LNG선과 친환경 선박 분야에서 글로벌 경쟁력을 가진 조선사다. 또한 엔진과 방산 사업을 함께 보유하고 있어 안정적인 수익 구조를 갖추고 있다. 조선업은 경기 변동의 영향을 받지만 엔진과 방산 사업은 상대적으로 안정적인 수익을 제공하기 때문에 사업 구조가 균형을 이루고 있다.

2025년 말 기준 수주잔고는 약 300억 달러(약 40조 원)를 상회한다. 특히 선박의 심장인 엔진 부문에서 세계 시장 점유율 1위를 차지하고 있어, 다른 조선사들이 엔진을 사 오느라 비용을 쓸 때 현대중공업은 자체 수익으로 흡수한다.

HD현대중공업의 장점은 조선뿐만 아니라 '방산(함정)' 분야의 강자라는 것이다. 최근 필리핀 등 동남아시아 함정 수주를 주도하며 'K-조선 방산'의 맏형 역할을 하고 있다.

삼성중공업: FLNG라는 독보적 캐시카우

삼성중공업은 LNG선과 해양플랜트 분야에서 경쟁력을 가진 조선사다. 특히 FLNG(부유식 LNG 생산설비) 건조 기술로 글로벌 시장에서 높은 평가를 받고 있다. FLNG는 '바다 위 LNG 공장'으로 기술 난도가 높아 글로벌 조선사 가운데 일부 기업만 건조할 수 있는 분야다. 척당 가격이 2~3조 원에 달해 일반 컨테이너선 10척과 맞먹는다. 삼성중공업은 전 세계 FLNG 5척 중 4척을 건조했을 만큼 압도적인 점유율을 보유하고 있다. 해상 가스전 개발이 늘어날수록 최대 수혜주가 된다.

삼성중공업의 수주잔고 중 LNG 운반선 비중이 가장 높으며, 2026년 예상

기업명	핵심 투자 포인트	주력 선종 및 강점	주요 변수
HD현대중공업	선박 엔진 수직계열화	LNG선, 대형 엔진, 함정	엔진 수출 확대 및 방산 수주 성과
삼성중공업	고부가가치 해양플랜트	FLNG(압도적 1위), LNG선	해양 에너지 개발 프로젝트 재개 여부
한화오션	글로벌 방산 시너지	잠수함, 미국 해군 MRO	미국 함정 사업 추가 수주 및 방산 비중

※ 2026년 기준.

영업이익은 전년 대비 40% 이상 성장을 목표로 하고 있다.

한화오션: 미국 MRO 시장의 개척자

한화오션은 LNG선과 방산 사업을 중심으로 빠르게 성장하고 있다. 최근 미국 해군 유지·보수 사업(MRO) 진출 가능성도 주목받고 있다.

한화그룹 편입 이후 한화오션의 재무 구조가 급격히 개선되었다. 특수선(잠수함, 군함) 매출 비중을 2030년까지 전체의 25% 이상으로 끌어올리는 전략을 실행 중이다.

한화오션의 가장 큰 기대 요소는 미국 해군 MRO 사업이다. 2024년 말 국내 조선소 최초로 미국 해군 함정의 정비 사업을 수주하며 물꼬를 텄다. 이는 향후 수십조 원 규모의 미국 함정 신조(새 배 건조) 시장으로 가는 '보증수표'가 될 가능성이 크다.

섹터 투자를 위한 실전 체크리스트

주식시장에서 큰 수익은 단순히 종목을 잘 고르는 것이 아니라, '시대의 주인공'이 되는 산업을 먼저 선점하는 것에서 시작된다. 섹터 투자의 핵심은 "무엇이 유행인가?"가 아니라 "자본이 어디로 강제되고 있는가"를 파악하는 것이다. 즉 '돈의 길'을 찾는 것이 섹터 투자의 핵심이다.

1. 자본의 흐름: "누가 어디에 돈을 쏟아붓고 있는가?"(CAPEX 분석)

가장 확실한 성장 신호는 기업들의 설비투자(CAPEX) 규모다. 가장 중요한 질문은 단순하다.

"누가 어디에 돈을 쏟아붓고 있는가?"라는 것이다.

예를 들어 구글, 마이크로소프트 같은 빅테크 기업이 수십조 원을 들여 데이터센터를 짓는다면, 그 돈은 반드시 반도체(엔비디아)와 전력 인프라(변압기) 섹터의 매출로 꽂힌다. 해당 섹터 상위 기업들의 재무제표에서 '유형자산의 취득' 항목이 급증하고 있다면, 그게 바로 다음 상승장의 예고편이다.

2. 성장의 강제성: "하지 않으면 안 되는 이유가 있는가?"

단순한 선호가 아니라 국가 정책이나 생존을 위해 반드시 해야만 하는 변화인지 구별한다.

- 기술 혁신: AI를 도입하지 않으면 도태되는 환경(반도체)
- 환경 규제: 탄소 배출을 줄이지 않으면 운항이 불가능한 규제(친환경 조선)
- 인구 구조: 고령화로 인해 치료제 수요가 늘어날 수밖에 없는 현실(헬스케어)
- 국가 정책: 규제와 법안은 산업의 '상단'을 열어주는 가장 강력한 동력이다.

미국의 '인플레이션 감축법(IRA)'이나 한국의 '밸류업 프로그램'이 대표적이다.

3. 생태계의 포식자: "누가 '통행세'를 받는가?"(해자 분석)

산업이 성장할 때 가장 편안하게 수익을 누리는 기업은 '표준'을 장악한 기업이다. 다음 두 가지가 그 인사이트가 될 수 있다.

- 플랫폼 경쟁력: 단순히 제품을 파는 것이 아니라, 남들이 내 기술을 빌려 쓰게 만드는 기업(모더나의 mRNA 플랫폼, 알테오젠의 제형 변경 기술 등)을 찾아라.
- 공급망 독점: 전 세계에서 그 회사 장비가 없으면 제품 생산이 불가능한 수준의 '슈퍼 을(乙)' 기업(ASML 등)은 산업 성장의 과실을 가장 먼저 따먹는다.

4. 투자의 시계열: "대중의 열광이 어디까지 왔는가?"(사이클 판단)

산업의 라이프 사이클에서 '침투율(penetration rate)'은 특정 산업이나 제품이 전체 잠재 시장 중에서 실제로 얼마나 사용되고 있는지를 나타내는 지표다. 매수와 매도를 결정하는 결정적 지표가 된다. 투자 시장에서는 이 수치를 통해 해당 산업이 현재 어느 성장 단계(도입기, 성장기, 성숙기)에 있는지를 판단하는 척도로 사용한다.

침투율(%) = [현재 제품(서비스) 사용자 수(또는 판매량) ÷ 전체 잠재 시장 규모] × 100

- 초기 단계(침투율 0~10%): 혁신가들이 뛰어드는 시기다. 변동성은 크지만

올라운더 투자법

'텐배거(10배 주식)'가 탄생하는 구간이다.

- 중기 단계(침투율 10~50%): 대중화가 시작되며 실적이 숫자로 찍히는 시기다. 기관과 외국인의 자금이 유입되며 안정적인 우상향이 나타난다.
- 성숙 단계(침투율 50% 이상): 누구나 그 제품을 쓰고 있다면, 성장은 둔화되고 가격 경쟁이 시작된다. 이때는 수익을 실현할 준비를 해야 한다.

투자하려는 산업의 침투율이 10% 근처에 와 있다면, 그것은 대중화라는 거대한 파도가 곧 들이닥칠 것이라는 강력한 매수 신호로 해석할 수 있다. 다만, 분모인 '전체 잠재 시장'을 어떻게 설정하느냐에 따라 수치가 왜곡될 수 있다(전 세계 인구를 분모로 잡을지, 구매력 있는 선진국 인구로 잡을지에 따라 결과가 달라짐).

표 1-10. 섹터별 침투율 적용 예시

섹터	침투율 측정 기준	현재 단계(예시)	투자 전략
전기차(EV)	전체 차량 중 전기차 비중	약 15~20% 구간	대중화 단계 진입, 캐즘(chasm) 극복 여부 확인
AI 비서	스마트폰 사용자 중 AI 활용 비중	약 5~10% 구간	폭발적 성장의 전야, 주도주 선점 필요
클라우드	전체 IT 예산 중 클라우드 비중	약 30~40% 구간	성숙기 진입 중, 점유율 상위 기업 집중

- 캐즘(chasm): 신기술 또는 신제품의 경우 얼리 어답터와 다수 사용자 사이에 발생하는 수요 정체 구간을 가리킴.

※ 2026년 기준.

표 1-11. 섹터 분석을 위한 통합 프레임워크

분석 단계	체크리스트	핵심 지표	투자 인사이트
1. 성장의 임계점	산업 성장의 구조적 이유가 있는가?	침투율 10%의 법칙	대중화의 신호. 침투율 10% 돌파는 '얼리어답터'를 넘어 '대중'이 지갑을 여는 폭발적 성장기 진입을 의미함.
2. 자본의 향방	가장 투자가 활발한 산업인가?	전방 산업 CAPEX (설비투자)	성장의 강제성. 빅테크 등 고객사가 미래를 위해 막대한 자금을 쏟아붓고 있다면, 그 돈은 반드시 해당 섹터의 매출로 직결됨.
3. 수익의 독점	경쟁력이 가장 높은 기업인가?	영업이익률 (OPM)	해자의 증명. 원자재 값이 올랐을 때 판매가를 올릴 수 있는 힘.
4. 투자의 시계열	현재 산업 사이클의 어디쯤인가?	PSR 및 PBR 추이	거품의 판정. 과거 평균 대비 밸류에이션 위치를 확인하여, 현재가 '기대감'의 정점인지 '실적'의 시작인지 판단함.

- 침투율: 전체 잠재 시장 대비 해당 제품이나 서비스가 실제로 보급된 비율. 10%는 대중화의 변곡점으로 통한다.
- CAPEX(Capital Expenditures): 미래의 이익을 창출하기 위해 기계, 장비, 건물 등에 투자하는 자본 지출이다.
- 영업이익률(OPM, Operating Profit Margin): 매출액 대비 영업이익의 비율로, 기업의 순수한 영업 경쟁력을 나타낸다.
- PSR(Price to Sales Ratio): 주가매출비율. 주가를 1주당 매출액으로 나눈 값이다. 기업이 벌어들이는 '매출'에 비해 주가가 얼마나 높게 형성되어 있는지를 나타낸다. 바이오, IT 스타트업 등 초기 성장 기업을 평가할 때 유용하다. 이익은 없어도 매출이 폭발적으로 늘고 있다면 미래 성장성을 인정받아 높은 PSR을 기록하기도 한다. 다만 과거 평균보다 PSR이 지나치게 높다면 '실적 대비 기대감'이 과도한 거품일 수 있다.
- PBR(Price to Book-value Ratio): 주가순자산배수. 주가를 1주당 순자산(자본)으로 나눈 값. 기업이 보유한 자산(빌딩, 기계, 현금 등)에 비해 주가가 어떤 수준인지 보여준다. 기업의 '청산 가치'를 의미한다. PBR 1배 미만은 주가가 기업을 당장 팔았을 때의 자산가치보다 낮다는 뜻으로, 대표적인 저평가(저PBR) 신호다. PBR 1배 이상이면 자산가치에 '미래 성장 프리미엄'이 붙어 거래되고 있음을 의미한다.

올라운더 투자법

제 2 부

메자닌 투자

주식과 채권의 장점만 !

제5장

주식 투자자에게
꿈같은 상품

하락장에도 안심할 수 있는 투자가 있다?

주식 투자자 중에는 "내가 사면 빠지고, 내가 팔면 오른다"고 자조적으로 말하는 사람이 많다. 주가는 '상승' 아니면 '하락'인데, 기본적 분석(fundamental analysis)과 기술적 분석(technical analysis)에 더해 최근에는 AI(artificial intelligence)까지 동원해도 50%의 확률을 맞추기가 어렵다. 이런 문제로 고민하지 않도록 주식 투자자들에게 주가가 하락하면 원금과 이자를 돌려주고, 주가가 상승하면 주가 상승분만큼 수익률을 준다고 하면 얼마나 좋을까?

꿈같은 이야기지만 세상에 그런 상품이 있다. 바로 '메자닌 증권'(이하 메자닌)이라고 불리는 상품이다. 메자닌은 하방 경직성이 있어서 주가가 하락해도 원금과 이자를 받을 수 있고, 주가가 상승하면 주식으로 전환하여 주가 상승에 따른 수혜를 얻을 수 있다.

'메자닌 증권'은 전환사채, 신주인수권부사채, 교환사채, 상환전환우선주 등을 말하며, 실제로 상장사들도 주요한 자금조달 수단으로 빈번하게 발행하고 있다. 이 각각에 대한 설명은 본문에서 다루겠다.

주가가 상승할지 하락할지 예측하기 힘들 때 주가의 하락 리스크는 싫은데, 상승했을 때 수익이 난 사람들을 보고 느낄 포모(FOMO, fear of missing out)에 대해 걱정된다면, 메자닌이 탁월한 투자 대안이 된다. 메자닌 상품의 속성 및 발행하는 기업의 니즈, 투자 방법 등에 대해서 공부해 둔다면 분명 투자 인생에 있어서 큰 도움이 될 것이라고 확신한다.

왜 기업들은
메자닌 상품을 발행할까?

메자닌 증권은 누가 봐도 발행자에게 불리한 상품처럼 보인다. 기업들은 왜 메자닌 상품을 발행할까? 여기에 대한 해답을 얻기 위해서는 자본시장에 대한 이해가 필요하다.

창업하는 사람들의 궁극적인 목표는 무엇일까? 기업 경영자는 높은 수익 창출을 통한 주주 환원 극대화, 근로자들에게 안정적인 직장 제공, 지역사회 기여 등 기업의 설립 목적이나 기업 형태에 따라 다양한 목표가 있을 수 있지만, 창업하는 사람들은 대개 본인이 생각하는 사업 아이템이 언젠가는 성공하여 기업 가치가 높게 인정받기를 기대한다.

이는 창업하는 기업에 투자하는 투자자의 관점에서 보면 좀 더 명확해진다. 투자자는 자신이 투자한 스타트업이 상장(IPO)이나 인수합병(M&A)을 통해 가치가 높아져, 자신의 투자금을 크게 불려 회수하는 것을 목표로 한다.

그러나 아쉽게도 우리나라의 자본시장 특성상 M&A로 투자금을 회수(exit)하는 경우는 많지 않다. IPO를 통한 회수가 대부분이나 창업하는 기업 중 극히 일부 기업만이 상장에 성공한다. 그런데 기업 입장에서 보면 정말 어렵게 상장까지 성공해도 자본시장에서 자금을 조달하는 방법은 별로 없는 것이 현실이다. 상장 후 기업이 자금을 조달하는 방법은 주식을 발행하는 증자와 채권을 발행하는 방법이 거의 전부라고 생각해도 틀리지 않다.

상장기업이 주식을 발행(증자)하면, 통상 주주배정 증자나 일반공모 형태를 취하게 된다. 그런데 기존 주주들 또는 잠재 투자자들에게 증자 참여를 유도하기 위해 대개 시가 대비 15~30% 수준의 할인율을 적용하여 주식 발행을 하게 된다.

이 경우 그 기업의 주가는 증자 공시를 한 후 바로 할인율만큼 하락하여

주주들의 원성을 받게 되고, 자금조달 또한 목표했던 금액보다 훨씬 적은 금액만 도달하게 되는 경우가 비일비재하다.

▍ 강소기업들의 거의 유일한 자금조달 수단

기업들이 자금을 조달할 때 가장 선호하는 방식은 발행시장을 통한 채권 발행이다. 그러나 아쉽게도 채권 발행을 통한 자금조달의 기회는 일부 대기업에 한정된다. AA등급 수준이 아니라면 채권을 발행해도 소화가 어렵다. 그래서 정부는 펀드나 투자일임 계정을 통해 투기등급 채권(BBB+ 이하 채권)을 45% 이상 편입하고, A등급 채권(A+, A0, A-)을 15% 이상 편입하면 공모주에 대해 일정 부분 우선 배정 혜택을 주고 있다.

그만큼 A등급 채권도 소화가 어렵고 투기등급 채권은 더욱 발행에 성공하기가 어렵다. 사실 BBB 등급인 투기등급 채권은 어감과는 달리 한진, 풀무원, 코오롱, 두산 등 대기업 그룹사 채권이 해당한다.

이처럼 채권 발행을 통한 자금조달은 대기업의 전유물이라고 해도 과언이 아니며, 유가증권 시장이나 코스닥 시장에 상장된 중소·중견기업에게 채권 발행을 통한 자금조달은 '그림의 떡'이라고 봐도 무방하다.

이런 기업들이 채권 발행에서 선택할 수 있는 거의 유일한 선택지가 바로 메자닌 증권을 통한 자금조달이다. 현재 많은 우량 중소·중견기업들이 자금조달의 수단으로 메자닌 증권을 사용하고 있으며, 강소(强小)기업이 발행하는 메자닌 증권은 투자자들에게 안정적인 투자 기회를 제공한다.

주식과 채권의 장점을 모았다

'메자닌(Mezzanine)'은 가운데를 뜻하는 이탈리아어 메조(mezzo)에서 파생된 말로, 건축에서는 1층과 2층 사이에 끼어 있는 중간층을 뜻한다. 오페라 극장이나 공연장의 1층 객석과 2층 발코니 사이에 있는 중간 객석을 메자닌이라고 한다. 자본시장에서는 주식과 채권의 속성을 동시에 지닌 증권을 메자닌 증권이라고 한다. 이유는 다음과 같다.

채권(debt)은 돈을 빌려주고 이자를 받는 상품으로 회사가 망하면 우선변제를 받는다. 대신 수익은 제한적이다. 주식(equity)은 회사의 주인이 되는 상품으로, 수익은 크지만 망하면 가장 나중에 변제를 받는다. 메자닌 증권은 평소에는 채권처럼 이자를 받고 상황이 좋으면 주식으로 전환 가능하며 위험과 수익도 중간 수준이다. 이처럼 채권과 주식의 중간에 있는 자본이라는 의미로 메자닌 증권이라는 용어가 쓰이게 되었다.

메자닌 증권의 대표적인 상품은 전환사채(CB, Convertible Bond), 신주인수권부사채(BW, Bond with Warrants), 교환사채(Exchangeable Bond), 상환전환우선주(RCPS, Redeemable Convertible Preference Shares) 등이다. 참고로 부동산 금융에서도 선순위와 에쿼티(equity) 사이의 중순위 증권을 메자닌이라고 한다.

메자닌은 서로 다른 방향을 보고 있는 야누스의 얼굴처럼 주식과 채권이라는 상반된 속성을 동시에 내재하고 있는 독특한 증권이다. 메자닌 투자자는 주가가 오르면 주식으로 전환하여 수익을 얻을 수 있고, 반대로 주가가 하락하면 채권으로 전환하여 발행 당시 약속한 금리와 원금을 수취하게 된다. 그리하여 메자닌은 발행회사의 채무불이행 등 신용사건(Credit Event)이 없다면 안정적으로 투자수익을 얻을 수 있는 투자수단이 된다.

메자닌 증권의 법적 형태를 보면 전환사채, 신주인수권부사채, 교환사채

구분	채권	메자닌	주식
수익 구조	대출이자	대출이자 + 자본 이득(capital gain)	자본 이득
전형적 형태	채권	옵션부 채권	주식
법률적 성격	부채	부채	자본
신용도	담보부 또는 신용등급	무담보	무담보
특성	낮은 수익률	채권보다 높은 기대 수익률 + 주식보다는 낮은 변동성	높은 변동성

는 채권에 해당하고, 전환상환우선주의 경우 주식에 해당한다. 그러나 그 경제적 속성은 주식 및 채권 지수와의 상관관계를 분석해 보면 나타난다. 2003년부터 2018년까지 글로벌 전환사채지수(TR Global Convertible Index) 와 글로벌 주가지수(MSCI World Index)의 상관관계는 0.8249로 매우 높은 반면, 글로벌 전환사채지수와 글로벌 채권지수(JP Morgan Global Agg Bond TR Index)의 상관관계는 0.3378로 낮은 편이다. 이를 볼 때 메자닌 증권의 경제적 속성은 채권보다는 주식에 가깝다고 볼 수 있다.

제6장

메자닌 증권의 종류와 특성

1. 채권형 메자닌

금융에서 메자닌이란 채권(빚)과 주식(지분)의 중간에 있는 상품임을 5장에서 살펴보았다. 채권은 안전하지만 수익에 제한이 있고, 주식은 위험하지만 수익이 무제한이다. 메자닌은 채권처럼 안전장치가 있고, 주식처럼 상승 가능성도 있는 상품이다.

6장에서는 메자닌 증권을 종류별로 자세히 살펴본다. 메자닌의 대표적 종류는 전환사채, 신주인수권부사채, 교환사채, 상환전환우선주, 전환우선주 등이 있다. 이것들을 처음 형태를 기준으로 크게 2부류로 나눌 수 있는데, 즉 "처음부터 주식인가? 채권인가?"에 따라 채권형 메자닌, 지분(주식)형 메자닌으로 분류할 수 있다. 우선 채권형 메자닌부터 살펴본다.

전환사채:
주식 상승기엔 주식으로 전환

전환사채(CB)는 말 그대로 사채에 전환권이 부여된 형태다. 쉽게 말해, 전환사채는 원래 채권인데 나중에 주식으로 바꿀 수 있는 권리가 붙은 것이다. 예를 들어 투자자가 A라는 회사의 전환사채를 1억 원어치 매수했다고 가정해 보자. 이 투자자는 A사에 1억 원을 빌려준 것이다. 이때 1주당 1만 원의 주식으로 바꿀 수 있는 권리를 보유하게 되는데 주가가 2만 원이 되면 주식으로 전환해 큰 차익을 얻는 것이다. 주가가 안 오르면 그냥 채권을 유지하면 된다.

전환사채 가격은 어떻게 결정될까? 그 원리를 쉽게 설명해 보겠다. 전환사채 가격은 채권 가치와 주식 전환 옵션 가치의 합으로 생각하면 된다.

전환사채 가격 = 채권 가치 + 주식 전환 옵션 가치

먼저 채권 가치는 가치가 형성되는 원리가 일반 회사채와 같아서 이자율, 만기, 회사 신용도에 따라 계산된다. 예를 들어 액면가 1억 원, 이자율 연 3%, 만기 3년의 채권이라면 비슷한 회사채 금리를 기준으로 현재 채권 가치가 계산된다. 주가가 폭락해도 이 가격 밑으로는 잘 안 내려간다.

다음으로, 주식 전환 옵션 가치를 결정짓는 핵심 변수는 현재 주가, 전환가액, 남은 기간, 주가 변동성이다. 앞에 든 예로 설명하면, 전환가액이 1만 원이고 현재 주가가 8,000원이면 아직 전환 이익이 없다. 그러나 주가가 2만 원이 되면 1만 원에 전환해 큰 이익을 챙기게 된다. 따라서 주가 상승 가능성이 클수록 전환 옵션 가치와 전환사채 가격이 상승한다.

어떤 성장기업이 전환사채를 다음과 같이 발행했다고 가정해 보자.

- 전환사채 발행가: 1만 원
- 전환가액: 1만 2,000원
- 만기: 3년
- 이자율: 1%

2년 뒤 주가가 2만 원이 되면 전환을 선택해 1만 2,000원에 주식으로 전환한다. 이때 주당 8,000원의 수익이 생긴다. 반면 회사가 부진해 주가가 8,000원으로 떨어졌다면 전환하지 않고 채권으로 만기까지 보유한다. 만기 시 투자자는 원금과 이자를 회수해 손실을 최소화한다.

여기서 개인투자자가 생각해 볼 점이 있다. 바로 전환사채가 주가에 미치는 영향인데 긍정적 영향, 부정적 영향을 모두 생각해 볼 수 있다. 우선 긍정적 영향이다. 전환사채 투자가 많으면 투자자가 회사 성장성을 인정했다는 의미로, 시장에서 긍정적으로 해석되어 주가가 상승할 수 있다. 낮은 이자 부담으로 회사 재무 구조가 개선되어 미래 성장 투자가 가능해진다.

부정적 영향도 있다. 전환이 일어나면 새 주식이 발행되어 기존 주주의 지분 비율이 감소하는 지분 희석이 우려되므로, 주가가 하락할 수 있다.

'오버행(overhang)' 효과도 생각해 볼 수 있다. 오버행이란 주가가 전환가액 근처에 오면 CB 투자자들이 매도할 거라는 판단 때문에 일반 투자자들이 매수를 꺼리면서 주가 상승이 막히는 현상을 뜻한다. 주가 하락 시 전환가액을 조정하는 리픽싱(refixing)을 행사하게 되면 희석 위험이 커지니 주의할 필요가 있다.

[알고 가자!] 전환사채 주요 개념

전환사채와 관련된 주요 개념을 정리하면 다음과 같다.

- **전환가액**: 전환사채를 주식으로 전환할 때 적용되는 1주당 가액을 뜻한다.

- **전환청구 기간**: 전환권을 청구할 수 있는 기간을 의미한다. 사모로 발행되는 경우에는 발행 후 1년이 경과한 후에 전환 가능한 조건으로 발행해야 한다.

- **만기 보장 수익률(YTM, yield to maturity)**: 주가가 낮아 만기 시까지 전환되지 않았을 경우 기회 손실을 보장하는 수익률로 제로금리(0%)인 경우도 있고, 일반 채권 금리보다는 낮은 수준에서 회사 상황에 따라 다양하게 결정된다.

- **풋옵션(put option)**: 만기 이전에 투자자가 조기 상환을 요구할 수 있는 권리로 통상 만기가 5년이면 2~2.5년으로 결정되며, 만기가 4년인 경우 1.5년, 만기가 3년인 경우 1년으로 결정된다. 이때 적용되는 금리를 '풋옵션 프리미엄' 또는 'YTP(yield to put)'라고 한다.

- **콜옵션(call option)**: 발행회사 또는 발행회사가 지정하는 자가 기발행된 전환사채를 매수할 수 있는 권리를 말하며, 통상 발행 금액의 20~50% 수준에서 결정된다. 이때 적용되는 금리를 '콜옵션 프리미엄' 또는 'YTC(yield to call)'라고 한다.

신주인수권부사채: 채권과 주식을 동시에

신주인수권부사채(BW)는 채권에 신주인수권이 부여된 형태다. CB가 채권이 주식으로 '바뀌는' 형태라면, BW는 채권은 그대로 유지되고 '주식을 매수할 쿠폰'이 주어지는 형태다. 예를 들어 설명해 보자. 1억 원짜리 채권에 1만 원에 신주를 살 수 있는 권리(워런트)가 포함된다. 이 경우 주가가 2만 원이 되면 워런트를 행사해 싸게 주식을 매수하고 채권은 그대로 보유할 수 있다.

채권과 주식 옵션이 '분리 가능'한 분리형 BW도 있다. 분리형 BW는 쉽게 말해 채권과 워런트를 따로 떼어서 거래할 수 있는 구조로 채권 부분은 다른 투자자에게 팔고, 워런트(주식 매수권)는 따로 보유하거나 팔 수 있다. 이 경우 신주인수권 행사 시 보유 채권을 대용 납입하게 되면 CB와 마찬가지로 부채가 자본으로 변경된다. 그러나 신주인수권 행사 시 현금으로 납입하는 경우 해당 금액만큼 증자 효과가 발생하고, 채권은 그대로 남아 있게 된다.

현재 제도로는 상장회사가 일반 투자자 대상으로 공모로 발행할 때만 채권과 워런트(주식 매수권)를 따로 떼어 거래할 수 있는 분리형 BW를 발행할 수 있다. 특정 투자자에게만 발행하는 사모 방식에서는 분리형 BW를 발행할 수 없다. 워런트(주식 매수권)만 싸게 특정 투자자에게 넘기는 문제를 방지하고 기존 주주에게 불리하다는 논란을 잠재우기 위해 이 규정이 생겼다.

그러나 CB와 BW는 구조적으로 거의 비슷하기 때문에 사모 발행의 경우 CB와 BW는 경제적 실질이 사실상 동일하다고 봐도 무방하다. 사모 CB의 경우 채권을 주식으로 전환할 권리가 있고, 사모 BW의 경우 채권과 주식 매수할 권리(워런트)가 따로 존재하지만 두 가지를 분리하여 매도할 수 없기에 그렇다.

그런데 회사 정관에는 CB와 BW 발행 한도가 각각 따로 정해져 있으므로, 통상 CB 발행 한도가 소진된 뒤에야 BW를 발행하는 경우가 대부분이다. 회사 정관에 CB 발행 한도를 500억 원, BW 발행 한도를 500억 원이라고 정해둔 경우, 가령 500억 원어치 CB를 발행했는데 회사가 추가로 200억 원이 필요할 때 구조가 비슷한 BW를 발행하는 것이다.

다만 사모 발행의 경우에도 CB와 BW의 법적 형태는 다소 차이가 있다. CB의 경우 상법상 채권의 금액과, 전환으로 발행되는 주식의 금액이 같아

표 2-2. 투자자 입장에서 본 사모 CB, 사모 BW 비교

구분	사모 CB	사모 BW
채권 있음	O	O
주식 관련 권리 있음	O(전환권)	O(워런트)
권리 분리 가능	×	×
실제 수익 구조	비슷함	비슷함

야 한다. 그러나 BW의 경우 신주인수권 행사로 인해 발행되는 주식의 금액은 채권의 금액보다 같거나 적은 것이 허용된다. 이를 활용하여 사모 발행의 경우에도 신주인수권부사채는 신주인수권 부여율을 50% 또는 70% 등 다른 비율로 발행할 수 있다(※ 상법 제513조 전환사채의 발행, 상법 제516조의 2 신주인수권부사채의 발행 참조).

▌개인투자자는 BW 공시에서 이걸 꼭 보라

개인투자자는 CB·BW 공시를 볼 때 단순히 "얼마 발행했나?"보다 주가에 어떤 영향을 줄 수 있는 구조인가를 읽는 것이 핵심이다. 개인투자자가 BW 공시에서 꼭 확인해야 할 항목을 정리해 본다.

전환가액(행사가격)

주식으로 바뀌는 가격을 봐야 한다. 일반적으로 「증권의 발행 및 공시 등에 관한 규정」에 따른 시가발행이 원칙이지만, 좋은 기업의 경우 10~20% 할증된 조건으로 발행되기도 한다. 예를 들어 현재 주가가 1만 원인데 행사가격이 1만 1,000원이라면 투자기관이 해당 기업의 성장성을 긍정적으로 평가했다고 볼 수 있다.

리픽싱(전환가 조정) 조건

리픽싱은 주가가 떨어지면 전환가격을 낮추는 조항인데 투자자에겐 이게 가장 중요할 수 있다. 전환가가 1만 원이고 리픽싱 후 7,000원이라고 한다면 더 많은 주식이 발행된다. 이는 위험한 구조다.

올라운더 투자법

교환사채:
빠른 주식 교환권 행사로 인기 상품

교환사채(EB)는 주식 교환권이 부여된 사채를 뜻한다. 쉽게 말해 회사가 이미 보유 중인 다른 주식으로 교환이 가능한 채권이다. 예를 들어, A사는 B사 주식을 많이 가지고 있는데 당신이 A사의 EB를 샀다고 가정해 보자. 그럼 당신은 나중에 당신이 보유한 EB를 B사 주식으로 교환할 수 있다. 기존 주식과 교환하므로 신주 발행에 따른 지분 희석은 없다.

기업 입장에서 EB는 CB나 BW와는 달리 신주를 발행하는 것이 아니라, 기존에 발행된 주식을 예탁원에 예탁한 후 투자자가 교환권을 행사하면 해당 주식을 교부한다. CB나 BW의 경우, 투자자에게 주식을 교부하려면 주식을 발행하고 등기를 마친 후 상장 절차를 완료해야 하기 때문에 통상 10~15영업일이 소요된다. 반면 EB는 투자자의 권리 행사 후 당일 주식이 교부될 수 있기 때문에 투자자들이 가장 선호하는 메자닌 투자상품이다.

그러므로 EB는 시가보다 할증하여 발행하는 경우가 대부분이다. 이런 특성 때문에 EB는 대규모 해외 발행인 경우를 제외하면 공모 발행은 거의 없으며, 사모 발행으로 물량 대부분이 소화된다.

그림 2-1. 교환사채(EB) 발행 구조

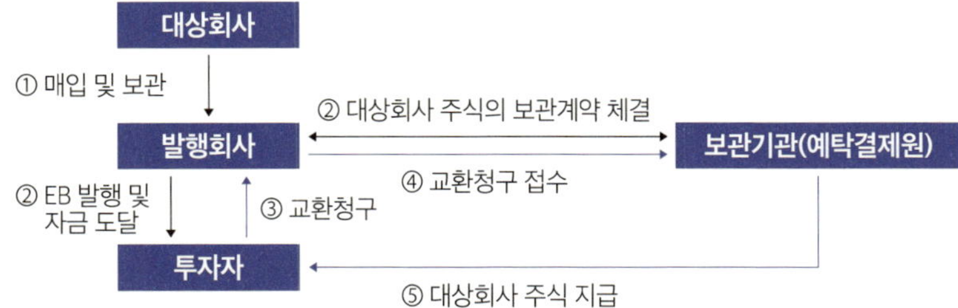

▍교환사채의 경쟁자는 블록딜이다?

교환사채 발행 기업은 통상 두 가지 방법을 고민하게 된다. 하나는 블록딜 등을 통해 주식을 직접 시장에 매도하는 방법과, 다른 하나는 교환사채를 발행해 우회적으로 시장에 주식을 매도하는 방법이다. 블록딜을 통한 매각의 경우 투자자에게 메리트를 주기 위해 일정 부분 할인을 적용해야 가능한 경우가 대부분이다. 우리나라 대표 기업인 삼성전자 대주주들이 상속세를 내기 위해 주식을 매각했을 때도 약 1.2%의 할인율을 적용했다. 일반적인 기업의 경우 블록딜을 할 때 4~10% 정도의 할인율을 감수해야 한다.

블록딜을 했을 경우 장점은 바로 현금이 들어오므로 보유 주식을 처분하는 가장 확실한 방법이라는 점이다. 단점은 블록딜을 하면 공시 의무가 있는 경우도 있고, 언론사 기사를 통해 미리 정보가 공개되기도 한다는 것이다. 그래서 해당 할인율만큼 주가가 하락하는 경우가 많기 때문에 주가 관리를 중요하게 생각하는 기업 입장에서 블록딜은 선뜻 손이 가지 않는 옵션이기도 하다.

이런 기업들이 고려해 볼 수 있는 대안이 교환사채 발행이다. 투자자 입장에서는 주가가 오르면 바로 교환권 행사가 가능하기 때문에 기업들이 교환사채를 발행하면 현 주가보다 할증하여 주식을 처분할 기회를 갖게 된다. 다만 교환사채를 발행하는 기업이 욕심을 많이 내어 할증률을 높게 잡으면 오히려 손실이 되기도 한다. 할증 발행으로 인해 교환사채 발행 금액이 커지고 확보할 수 있는 자금 규모도 확대되지만, 보유 주식을 기초자산으로 하여 사채를 발행했다는 것은 해당 사채의 만기까지 자유로이 처분할 수 없다는 뜻이기도 하다.

교환사채 투자자들은 주가가 충분히 상승하여 주식으로 교환했을 때의 차익이 높은 수준이면 교환권을 행사할 것이다. 교환사채를 주식으로 전환할 경우 교환(전환) 차익이 얼마나 발생할 것인지를 판단하는 지표를 패리티(parity)라고 한다. 만약 패리티가 만족할 만한 수준이 아니라면 투자자들은 교환권 행사를 보류할 것이고 주가가 하락하는 경우 교환권을 행사할 이유가 없게 된다. 따라서 주가가 크게 하락하는 경우 교환사채 발행 기업은 해당 주식의 손절이 불가능하게 되고 교환사채 만기까지 주가 하락을 바라볼 수밖에 없다.

㈜위닉스 사례로 이를 자세히 살펴보자. ㈜위닉스는 2020년 3월 보유 중인 자기 주식을 기초자산으로 하여 제3회 교환사채를 발행했는데, 교환 대상 주식 수는 150만 1,845주로 총 407억 원에 해당했다.

당시 교환가격은 2만 7,100원으로 「증권의 발행 및 공시 등에 관한 규정」에 의해 기준 주가에서 10% 할증한 가격으로 결정되었다. 그런데 교환사채 발행 이후 주가가 지속적으로 하락하여 교환사채 투자자들은 이를 주식으로 교환할 기회를 갖지 못했다. 발행회사는 이를 상환하기 위해 2022년 3월 더 낮은 주가로 제4회 교환사채를 발행해 제3회 교환사채의 상환자금으로 사용했다. 이때 교환가액은 2만 174원이었다.

애초에 ㈜위닉스가 할증하지 않고 교환사채를 발행했다면 어땠을까 하는 아쉬움이 남는다. 그랬다면 교환가액은 2만 4,000원 초반에서 결정되었을 것이며, 해당 주가는 3회차 교환사채 발행 후 얼마 지나지 않아 2만 7,500원까지 상승했으므로 상당수 투자자들이 교환을 통해 투자금을 회수

[알고 가자!] 패리티 개념

패리티(parity)는 교환(전환)사채를 주식으로 전환할 경우 얼마의 교환(전환) 차익이 발생할 것인지를 판단하는 지표다. 패리티를 구하는 공식은 다음과 같다.

패리티= [주가 ÷ 교환(전환)가격] × 100%

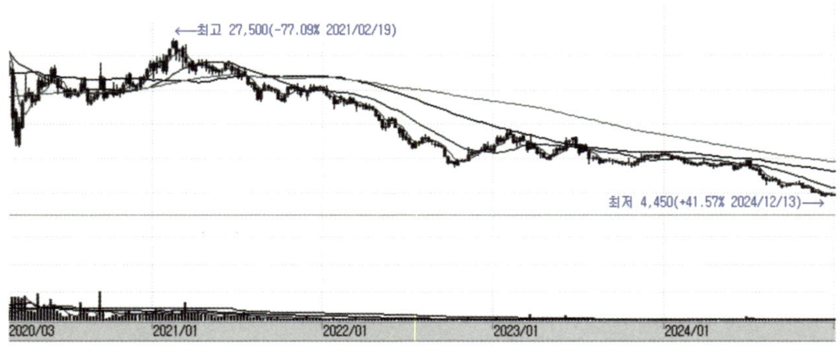

했을 가능성이 높다. 이 경우 발행회사는 할인 없이 보유 주식을 매각한 셈이므로 회사와 투자자 모두 윈윈하는 상황이 되었을 것이다.

▌삼성전자에 투자하는 교환사채도 있다?

삼성전자가 발행하는 전환사채가 있다면 어떨까? 재무 구조가 안정적이고 성장성도 있는 기업이라서 투자자라면 누구나 투자하기를 원할 것이다. 물론 삼성전자는 현금 보유량이 많기 때문에 메자닌을 발행할 이유가 없다. 설사 자금이 필요하더라도 메자닌을 발행하기 전에 채권 발행을 통해서 조달하면 된다. 그러나 삼성전자에 투자할 수 있는 메자닌 증권이 있는데, 바로 교환사채를 통한 투자다. 최근까지 두 차례에 걸쳐서 삼성전자 주식을 기초자산으로 한 교환사채가 발행되었다.

첫 번째는 세종텔레콤㈜가 보유하고 있는 삼성전자 주식 약 500억 원을 대상으로 지난 2023년 5월 31일에 발행한 것이다. 교환가액은 「증권의 발행 및 공시 등에 관한 규정」에 의한 기준시가에서 10% 할증하는 조건이었으며, 금리는 표면금리 없이 만기이자율 연 1.0%를 적용하여 삼성전자 주가가 오르지 않으면 투자자는 풋옵션 행사일 또는 만기일에 연 1.0%의 수익만 가져갈 수 있는 구조였다. 투자자 입장에서 주식을 샀을 때 발생할 수 있는 하락 위험은 헷지할 수 있지만, 투자를 적극적으로 하기에는 약간의 아쉬움이 남을 만한 조건이었다.

메자닌 업계에서 두 번째로 삼성전자를 대상으로 교환사채를 발행한 사례는 베뉴지㈜가 발행한 교환사채이다. 베뉴지㈜는 2024년 8월 6일 보유하고 있는 삼성전자 주식 200억 원을 기초자산으로 교환사채를 발행했으며, 교환가액은「증권의 발행 및 공시 등에 관한 규정」에 의한 기준시가에서 13.67% 할증하고 표면금리 및 만기이자율이 0.0%인 조건이었다. 발행사의 신용도를 제외한 순수 조건으로만 보면 베뉴지㈜의 교환사채는 첫 번째 세종텔레콤이 발행한 교환사채에 비해 할증률은 높고 금리는 낮았기 때문에 투자 조건이 더 악화된 측면이 있었다.

상기 두 건에 투자하는 투자자는 모두 기관투자자였다. 인수하는 기관 입장에서는 교환가격이 10% 남짓 높은 가격이었지만, 삼성전자 주식에 직접 투자할 때 주가 하락에 따른 손실 리스크를 피할 수 있기 때문에 경쟁적으로 투자하려고 노력했다.

2024~2025년 교환사채 발행이 증가한 이유

2020년부터 2023년까지 교환사채 발행은 연간 약 1조 원 내외의 규모였으나, 2024년에는 2조 원, 2025년에는 약 5조 5,000억 원까지 증가했다.

2024년에는 메자닌 증권을 발행할 것 같지 않았던 ㈜호텔신라, ㈜농심, HD현대㈜, ㈜유니드(OCI그룹) 등 대기업 그룹 계열사들이 교환사채를 발행했다. 여기엔 보유 주식 매도 시에 내부자거래 사전 공시 의무제도가 2024년 7월 27일 시행되면서 자사주를 보유하고 있던 대기업들이 공시 부담을 느껴 제도 시행 전에 처분하려는 수요도 일부 포함되었다.

2025년에도 ㈜LG화학, ㈜케이씨씨, HD한국조선해양㈜, SK이노베이션㈜, SKC㈜, SK케미칼㈜, 넷마블㈜, ㈜DB하이텍, ㈜하림지주, 쿠쿠홀딩스㈜ 등 다수의 대기업과 중소·중견 기업들의 교환사채 발행이 있었다.

이 중 ㈜케이씨씨, SKC㈜, ㈜DB하이텍, ㈜하림지주, 쿠쿠홀딩스㈜는 자사주를 교환대상으로 했으며, 이는 자사주 소각을 의무하는 상법 개정안이 발의되면서 규제에 대비하기 위한 발행이었다.

2. 지분형 메자닌

지금까지 채권형 메자닌에 대해 자세히 살펴보았다. 이제 지분형 메자닌에 대해 살펴보고자 한다. 지분형 메자닌은 처음 형태가 주식(지분)인 것으로, 상환전환우선주(RCPS)와 전환우선주(CPS)를 포함한다. 지분형 메자닌도 채권형 메자닌의 이자에 해당하는 배당이 있지만, 회계상 부채 성격이냐, 자본 성격이냐 하는 차이가 있다. 채권형은 원칙적으로 만기 상환이 있지만, 지분형은 RCPS만 만기 상환이 있다는 점도 특징이다.

요컨대 CB, BW 등은 돈을 빌려주고 나중에 주식으로 바꿀 수 있는 채권이라고 한다면, RCPS와 CPS 투자자는 처음부터 주주인데, 더 유리한 조건이 붙은 주식을 소유한 자라고 말할 수 있다(표 2-3 참조). 따라서 RCPS와 CPS는 둘 다 우선주인데 보통주로 바꿀 수 있는 권리(전환권)가 붙어 있다는 공통점이 있다. 이제 두 종류의 차이와 특성에 대해 자세히 설명해 보겠다.

표 2-3. 메자닌 증권 종류별 특징

구분	채권형	지분형
	CB/BW/EB	RCPS/CPS
처음 형태	채권(빚)	주식(지분)
수익 형태	이자(회사가 적자여도 의무적으로 지급함)	배당(회사가 이익이 없으면 지급 못 함)
만기 상환	원칙적으로 있음	RCPS만 만기 있음
회계상 분류	부채 성격	자본 성격

상환전환우선주:
안 되면 돈 돌려받고 잘되면 보통주로 갈아타기

상환전환우선주(RCPS, Redeemable Convertible Preferred Share)는 보통주식에 대해 우선 배당 및 잔여재산 분배에 있어 우선적인 권리를 갖고, 주주의 선택에 의해 장래 일정 기간에 보통주식으로 전환하거나 이익으로 상환될 수 있는 권리가 부여된 주식이다. 요컨대 배당은 보통주보다 우선으로 받고(우선권) 보통주로 전환 가능하며(전환권), 원금 회수(상환권)가 가능한 주식이다. 회사가 망하면 상환권을 행사해 투자금을 돌려받고, 회사가 성장하면 보통주로 전환해 차익을 실현할 수 있는 구조다.

RCPS의 특징을 한마디로 "안 되면 돈 돌려받고 잘되면 보통주식으로 갈아탈 수 있는 우선주"라고 기억해 두자. 다만 상환가액, 상환기간, 상환 방법, 전환의 조건, 전환권의 청구 기간, 전환으로 인하여 발행될 주식의 수를 정관에 기재해야 한다(Tip 관련 규정 참조).

상환전환우선주(RCPS)는 2010년 중반까지만 해도 비상장사의 전유물이었다. 그 이유는 다음과 같다. RCPS는 상환권과 전환권이 동시에 존재하는 우선주로, 회사의 이익잉여금이 있어야 상환할 수 있다. 그런데 메자닌 증권을 발행해 자금을 조달하려는 상장사는 보통 돈이 부족한 회사다. 즉 이익잉여금이 충분하지 않고, 그래서 상환 재원이 없으며, 결국 RCPS 발행이 어려웠다. 그래서 상장사 중 RCPS로 자금을 조달할 수 있는 기업은 많지 않았다. 2014년 12월 두산중공업㈜(현 두산에너빌리티㈜)이 KDB PEF 등을 상대로 약 3,730억 원 발행한 것이 가장 대표적인 사례였다.

그러나 현재는 많은 코스닥 시장 상장 기업들도 RCPS로 자금을 조달하고 있다. 여기엔 두 가지 이유가 있는데, 첫째 2013년 상법이 개정되면서 자본잉여금을 이익잉여금으로 전입하여 RCPS의 상환 재원으로 사용할 수 있게 되었기 때문이다. 즉 회사에 이익이 없어도 자본잉여금을 활용해 상환 재원을 확보할 수 있게 되면서 코스닥 기업 중에서 RCPS를 발행하는 사례가 많아지고 있다.

대표적인 사례가 ㈜엔켐이 2022년 4월과 5월 두 차례에 걸쳐 발행한 RCPS다. ㈜엔켐은 두 차례에 걸친 RCPS 발행으로 약 1,415억 원을 조달하여, 리튬염 원재료 구입 등 운전자금 및 해외법인 설비투자 자금으로 사용했다.

코스닥 상장사인 ㈜차바이오텍도 2024년 5월, 445억 원의 RCPS를 발행하면서 상환 재원을 마련하기 위해, 자본준비금 중 주식 발행 초과금을 이익결손금에 규정상 전입 가능한 만큼 최대 금액을 전입한다는 조건을 삽입했다.

RCPS로 자금조달이 증가한 두 번째 이유는 리픽싱(refixing, 행사가액 재조정) 조항의 변경에 있다. 리픽싱 조항은 메자닌 투자에서 수익성에 영향을 미치는 가장 중요한 조건 중 하나로, 주가가 하락하는 경우 하락한 주가로 최초 전환가액을 조정하게 된다. 가령 최초 전환가가 1만 원이고 주가가 하락하면 전환가를 7,000원으로 조정한다. 이후 주가가 1만 원으로 회복하면 투자자는 그 차액만큼 더 많은 주식을 받을 수 있다.

물론 전환가액 재조정 한도는 규정상 70%로 제한(정관의 규정이 있는 경우 액면가까지 조정 가능)되지만 70%까지 리픽싱된 후 초기 전환가 수준으로 주가가 회복하는 경우 약 42%의 수익이 발생하게 되므로 메자닌 수익성의 핵심이 바로 '리픽싱'에 있다고 해도 과언이 아니다.

그런데 2021년 12월 금융위원회는 투자자 보호를 위해 상향 리픽싱 제도를 도입했다. 그전까지는 하향 리픽싱만 존재했다. 다시 말해 주가가 다시 오르더라도 전환가를 올리지 않았기 때문에 투자자는 그 차액만큼 더 큰 수익을 올렸다. 그러나 2021년 12월 이후엔 주가가 최초 전환가 이상으로 오르면 전환가를 다시 올려야 하는 상향 리픽싱이 의무화되면서 투자자의 수익 메리트가 감소한 것이다.

상향 리픽싱 규제는 주로 CB, BW 같은 채권형 메자닌에 적용되었고 RCPS는 지분형 메자닌이라 규제 적용 범위가 달랐다. 따라서 투자자 입장은 "CB의 리픽싱 매력이 줄었네! 그럼 RCPS로 투자하자"라고 바뀐 것이다. 이처럼 RCPS로 자금조달이 증가한 두 번째 이유는 리픽싱 규제 변화로 발생한 일종의 풍선효과로 볼 수 있다.

그 후 금융위에서는 이런 제도상 허점을 인지하고 2023년 5월부터는 RCPS와 CPS도 상향 리픽싱을 의무화하고 있다.

> **TIP** **[알고 가자!] 상환전환우선주 관련 규정**
>
> **제345조(주식 상환에 관한 종류주식)**
>
> ① 회사는 정관으로 정하는 바에 따라 회사의 이익으로써 소각할 수 있는 종류주식을 발행할 수 있다. 이 경우 회사는 정관에 상환가액, 상환기간, 상환의 방법과 상환할 주식의 수를 정하여야 한다.
>
> ② 제1항의 경우 회사는 상환 대상인 주식의 취득일부터 2주 전에 그 사실을 그 주식의 주주 및 주주명부에 적힌 권리자에게 따로 통지하여야 한다. 다만, 통지는 공고로 갈음할 수 있다.
>
> ③ 회사는 정관으로 정하는 바에 따라 주주가 회사에 대하여 상환을 청구할 수 있는 종류주식을 발행할 수 있다. 이 경우 회사는 정관에 주주가 회사에 대하여 상환을 청구할 수 있다는 뜻, 상환가액, 상환청구기간, 상환의 방법을 정하여야 한다.
>
> ④ 제1항 및 제3항의 경우 회사는 주식의 취득의 대가로 현금 외에 유가증권(다른 종류주식은 제외한다)이나 그 밖의 자산을 교부할 수 있다. 다만, 이 경우에는 그 자산의 장부가액이 제462조에 따른 배당가능이익을 초과하여서는 아니 된다.
>
> ⑤ 제1항과 제3항에서 규정한 주식은 종류주식(상환과 전환에 관한 것은 제외한다)에 한정하여 발행할 수 있다.

전환우선주:
처음엔 안전하게 우선주, 잘되면 보통주로 갈아타기

전환우선주(CPS, Convertible Preferred Shares)는 상환전환우선주와 달리 상환권이 부여되지 않은 우선주식이다. 즉 RCPS와 마찬가지로 우선 배당권이 있고 보통주로 전환이 가능하지만 상환청구권은 없다. 리픽싱 조항은 계약에 따라 부여가 가능하다. 결과적으로 CPS는 보통주보다 안전하지만 RCPS보다는 방어력이 약한 구조다.

CPS는 투자자의 상환청구권이 없기 때문에 발행 시 충분한 이익잉여금이 없어도 발행이 가능하다. 통상 CPS는 주가 하락 시 일정 부분 수익률 방어가 가능하다. 그러나 앞서 보았듯이 상향 리픽싱이 적용되면 수익률 방어는 사라지는 게 아닐까?

그렇지 않다. 왜냐하면 주가 하락 구간에서는 여전히 전환가가 낮아지기 때문이다. 가령 주가가 1만 원에서 7,000으로 하락하면 전환가를 7,000원으로 조정하면 되고, 주가가 8,000원으로 회복된다 해도 여전히 이익 구간이기 때문이다. 상향 리픽싱은 리픽싱 주기(통상 3~7개월)에만 작동을 하며, 해당 구간 사이에는 주가가 오르더라도 조정 전 전환가액으로 전환청구가 가능하다.

다만 투자자 입장에서 CPS는 상환청구권이 없어 RCPS에 비해 선호도가 떨어진다. 주가가 하락해도 상환권이 없으니 원금을 회수할 수 없기 때문이다. 회사가 망하면 RCPS는 "돈을 돌려줘"라고 할 수 있으나 CPS는 회사의 운명과 같이하는 주주이므로 그럴 수 없다. 따라서 투자자 입장에서는 RCPS가 더 안전하다. 이런 이유로 CPS는 상대적으로 사업 전망이 좋은 회사들이 발행하는 경향이 있다. 사업 전망이 좋고 성장 기대가 큰데 굳이 상환권까지 줄 필요가 없는 것이다. 투자자도 "여긴 잘될 것 같으니 전환수익을 노리고 들어가자"고 하는 것이 CPS다. 대형 성장기업에서 이런 사례를 흔히 볼 수 있다.

대표적으로 카카오는 2012~2014년, 모바일 메신저를 기반으로 급성장하는 단계였고 외부 전략적 투자(SI) 및 재무적 투자(FI)를 받았다. 사용자가 폭발적으로 증가했고 상장 가능성이 매우 높았기에 굳이 상환청구권을 요구할 필요가 없었다. 투자자 입장에서도 상장 후 가치 상승 여력이 크다고 판단했기에 RCPS가 아닌 CPS를 발행한 사례다.

네이버도 마찬가지로 초기 성장 단계에서 전환 중심의 CPS 성격 구조를 띠었는데, 이미 수익 기반이 있었고 해외 사업 확장 단계에서 자본 유치를 했기 때문에 투자자 입장에서 상환권 없이도 충분히 안전하다고 보았기 때문이다.

크래프톤은 상장 전 대규모 기관투자를 유치했고 기업가치도 수조 원으로 평가를 받았다. 따라서 주식공개(IPO) 전환을 전제로 CPS를 발행할 수 있었다. 투자자들은 크래프톤이 곧 상장하면 주식으로 전환해서 매각하면 수익이 난다고 믿었기에 상환권은 중요하지 않았다. 앞서 보았던 상향 리픽싱은 코스닥 메자닌 구조에서 더 큰 이슈이며 이런 대형 성장기업들은 애초에 그 제도의 영향을 크게 받는 구조가 아니다.

제7장

메자닌 규제의 역사

왜 신주인수권부사채는 규제 대상이 되었나?

　메자닌 증권의 발행은 상법과 자본시장법, 「증권의 발행 및 공시 등에 관한 규정」 「증권 인수업무 규정」 등 다양한 법률과 하위 규정의 틀 안에서 이루어진다. 발행 한도와 조건 역시 각 기업의 정관에 근거를 둔다. 겉으로 보면 촘촘한 법적 그물망 속에서 통제되는 영역처럼 보인다.

　그러나 자본시장의 현실은 다르다. 메자닌 시장의 역사를 들여다보면, 이는 곧 규제와 그 빈틈을 둘러싼 긴장과 추격의 역사라고 해도 과언이 아니다. 법이 만들어지면 시장은 그 경계를 시험하고, 규정이 허용한 문구의 미묘한 차이를 파고들어 새로운 구조를 설계한다. 그리고 그 구조가 예상치 못한 부작용을 낳을 때마다 정부는 뒤늦게 제도를 손질한다.

　한때 코스닥 시장을 뒤흔들었던 ‘황금 BW’, 주가가 떨어질수록 더 많은 주식을 가져가는 ‘데스 스파이럴(Death Spiral) 전환사채’, 리픽싱(전환가액 조정) 한도를 둘러싼 논란까지 이 모든 사례는 공통점을 갖는다. 바로 법이 금지하지 않은 영역을 활용한 구조적 설계였다.

　투자자는 합법의 경계선까지 접근해 수익을 극대화하려 하고, 기업은 당장의 자금난을 해결하기 위해 조건을 수용한다. 그 과정에서 기존 주주는 예기치 못한 희석을 경험하고, 시장 신뢰는 흔들린다. 그리고 사건이 반복될 때마다 규제는 한 단계씩 강화된다. “소 잃고 외양간 고친다”는 속담이 메자닌 시장만큼 잘 들어맞는 분야도 드물 것이다. 새로운 금융 기법은 언제나 기존 규정의 사각지대에서 태어나고, 규제는 그 흔적을 따라가며 보완된다.

　결국 메자닌 증권의 역사는 단순한 자금조달 수단의 변천사가 아니다. 그것은 시장과 규제가 서로를 시험하며 진화해 온 기록이다.

　이번 장은 메자닌 시장을 둘러싼 규제의 역사에 대해 살펴보고자 한다.

먼저, 신주인수권부사채(BW) 규제부터 보자. 왜 하필 BW는 규제 대상이 되었을까? BW를 둘러싼 문제는 무엇이었고, 이를 어떻게 해결했나?

황금알을 낳는 BW?!

2000년대 중반 코스닥 시장에 투자했던 투자자라면 많이 들어봤을 해외 투자자 중 하나가 독일계 헤지펀드로 알려진 '피터벡앤파트너스(Peter Beck & Partners, 이하 피터벡)'이다. 한때는 피터벡이 보유 중인 신주인수권부사채 (BW)의 신주인수권을 행사하는 경우, 5% 이상 최대주주가 되는 기업이 20 개가 넘었고, 이 중 30%는 최대주주가 될 수 있는 지분율을 보유하고 있을 정도로 코스닥 시장에 광범위하게 투자하고 있었다.

특이한 점은 피터벡이 코스닥 기업의 BW를 인수하면서 감자를 하더라 도 행사가액은 변동하지 않는다는 조항을 계약서의 특약사항으로 삽입하 도록 한 것이었다. 통상 메자닌 증권을 발행하게 되면 증자나 주식의 분할·합병 등 주식 수가 조정되는 이벤트가 발생하는 경우 그 비율만큼 행사가 (또는 전환가)에 반영하고 있으나, 피터벡은 특약사항으로 감자 시 행사가가 변동하지 않도록 했기 때문에, 피터벡이 투자한 회사가 감자를 단행하는 경우 막대한 차익을 얻을 수 있었다.

여기서 헤지펀드와 피터벡의 전략을 이해할 필요가 있다. 헤지펀드는 고 위험 구조에 투자해 높은 수익을 추구하는 사모 투자자금이다. 헤지펀드인 피터벡은 자금난에 빠진 코스닥 기업에 접근해 BW를 인수한다. 특약을 통 해 피터벡에 매우 유리한 조건을 확보한 다음 이후 구조조정(감자 등) 과정에서 신주인수권을 행사, 주식을 매도한 후 차익을 실현한다. 이처럼 피터 벡은 회사 재무 상태가 악화할수록 오히려 유리해지는 구조를 설계해 투자 하는 회사였다.

2000년대 중반 코스닥은 적자 기업이 많았고 자금조달이 어려웠다. 은행 대출은 불가했고 기관투자자들은 이들을 외면했으니 해외 자금이 나타나 이런 특약을 넣어도 '울며 겨자 먹기'로 수용한 것이다.

그렇다면 왜 감자가 피터벡에게 유리했는지 차근차근 설명해 보겠다. 감 자란 주식 수를 줄이는 것으로 무상감자, 유상감자 두 종류가 있다. 무상감 자는 주식 수만 줄여 회사 자본금이 줄어드는 것이고 유상감자는 주주에 게 돈을 주고 주식을 소각하는 것이다. 자금난에 빠진 회사의 경우는 무상 감자를 단행해 자본금을 줄여서 회계상 정상화를 도모한다. 그럼 피터벡이 감자를 통해 수익을 취한 구조를 살펴보자.

예를 들어 감자 전 주가는 1,000원, BW 행사가는 1,000원, 주식 수는 총 1억 주라고 해보자. 여기서 10대 1 감자를 실시했다면 주식 수가 10분의 1 로 줄어들었다는 뜻으로 총주식 수가 1억 → 1,000만 주가 되면서 주가는 이론적으로 1,000원 → 1만 원이 된다. 정상적인 경우라면 행사가도 10배 로 조정되어서 기존 행사가 1,000원 → 1만 원으로 조정되어야 공평하다. 그러나 피터벡은 감자를 해도 행사가격은 1,000원 그대로라는 특약사항을 넣었기 때문에, 시장가격이 1만 원이므로 한 주당 9,000원의 차익을 챙길 수 있었다. 여기서 감자가 반복되어 15대 1, 7대 1 감자가 이뤄지면서 피터 벡은 수십 배 차익을 챙길 수 있었다. 그야말로 황금알을 낳는 '황금 BW'인 것이다.

피터벡이 투자한 회사는 주로 자금조달이 어려운 코스닥 기업이므로 감 자는 비일비재했다. '폴켐'이라는 회사도 같은 경우였다. 피터벡이 투자한 폴켐은 2008년에 15대 1, 2009년에 7대 1의 감자를 실시했다. 감자 비율만큼 주식 수가 줄어들기 때문에 이론상 주가는 감자 비율만큼 상승한다. 이런 '황금 BW'를 가지고 있던 피터벡은 감자를 통해 앉아서 수십 배 또는 수백 배의 차익을 얻었다. 일반 주주들은 그만큼 손실을 볼 수밖에 없는 구조이다. 왜냐하면 기존 주주의 지분율과 주식 수가 감소한 데다, BW 행사로 신규 주식이 대량 발행되니 기존 주주의 지분이 희석되기 때문이다. 기존 주주는 계속 손실을 입고 BW 투자자는 계속 수익을 얻는 구조다.

'스톰이앤에프'도 비슷한 사례였다. 스톰이앤에프는 강호동, 유재석, 신동엽, 김영만 등 2000년대 한국을 대표하는 MC들이 즐비한 엔터테인먼트 사였다. 스톰이앤에프는 피터벡을 상대로 2007년 6월 21일 5억 엔, 2009년 9월 3억 9,000만 엔 규모의 해외 BW를 발행했다. 스톰이앤에프는 2010년 10대 1의 감자를 발표했으나, 이때 역시 감자를 해도 신주인수권 행사가액은 변동하지 않는다는 특약사항이 있었다. 이로 인해 한때 2만 원 이상이었던 스톰이앤에프의 주가는 395원까지 하락 후 거래가 정지되었다. 이 과정에서 피터벡은 지속적인 신주인수권 행사 및 주식 매도로 막대한 이익을 챙겼을 것으로 추정된다. 결국 스톰이앤에프는 상장폐지의 길로 들어서게 되었다.

이후 수많은 소액 투자자들의 눈물과 소송이 이어졌고, 이런 '황금 BW' 발행은 2011년부터 금지되었다. 회사가 어려울수록 BW 투자자가 더 큰 이익이라는 비정상적 구조였기 때문이었다. 이후 감자 시 행사가 조정은 의무화되었다.

죽음의 소용돌이

　피터백식 '황금 BW'는 미국·유럽 등에선 거의 성립하기가 어려운 구조다. 가장 큰 이유는 미국·유럽에서는 CB와 BW에 희석화 방지(anti-dilution) 조항이 거의 의무적으로 들어가기 때문이다. 즉 감자, 주식병합, 분할, 무상 증자 등이 발생해 주식 수가 바뀌면 전환가 또는 행사가도 자동 조정된다. 미국의 경우 증권법 규제가 매우 엄격하여 대규모 지분 변동이 가능한 구조라면 주주 승인이 필요하고 주주 권리가 침해되는 구조는 상장을 유지하는 것 자체가 어렵다. 또 집단소송이 활성화되어 있어서 경영진이 이런 계약을 체결하면 바로 소송감이다.

　미국 소형주 시장에서도 '황금 BW' 비슷한 문제가 있었다. 바로 1990년대 후반~2000년대 초 유행하던 "Death Spiral Convertible(데스 스파이럴 전환사채)"라는 구조였다. 데스 스파이럴 전환사채는 한마디로 주가가 떨어질수록 투자자에게 유리해지는 구조였는데, 전환가격이 고정이 아니라 주가에 연동되어 있었다.

　예를 들어 전환가격을 '최근 20일 평균 주가의 80%' 식으로 잡는 것이다. 20일 평균 주가가 10달러라면 전환가는 8달러다. 이때 주식 전환 후 시장에서 매도하면 주가가 더 하락한다. 주가가 7달러라면 전환가 5.6달러(7달러 × 80%)로 전환, 이후 더 싸게 전환, 또 매도, 주가 더 하락… 이를 무한 반복하여 붙은 이름이 바로 '죽음의 소용돌이(Death Spiral)'였다. 어떻게 이런 구조가 가능했을까?

　1990년대 미국에 닷컴 붐이 일면서 소형주가 급증했고 자금이 부족한 기업이 많았다. 상장사 대상 사모투자(PIPE, Private Investment in Public Equity)도 매우 활발했다. PIPE를 구체적으로 말하면 상장사 사모 CB·BW, 상장사 제3자 배정 유상증자 등이 해당한다. 당장 현금이 필요한 기업은 어떤 조건이든 수용했으니, 헤지펀드는 주가가 떨어질수록 더 많은 주식을 받는 구조를 만들었다.

미 증권거래위원회(SEC)는 이런 구조를 전면 규제하기보다 여러 규제와 집행 조치로 사실상 축소했다. SEC가 취한 조치를 구체적으로 살펴보면 첫째, 공시를 강화해 전환 조건, 가격 산정 방식, 희석 가능성, 최대 발행 가능 주식 수 등을 매우 구체적으로 공시하도록 했다. 둘째, 전환 직후 바로 매도하는 것을 문제 삼아 미등록 대량 매도는 제재 대상으로 삼았다. 셋째, 투자자가 전환 전에 공매도를 치고 나중에 전환 주식으로 상환하는 구조를 단속했다(SEC Rule 105, Tip 참고).

[알고 가자!] 미국 SEC Rule 105(Reg. M)

SEC Rule 105(Reg. M)는 미국 증권거래위원회(SEC)의 강력한 공매도 규제 조항이다.

- **내용**: 기업이 유상증자 등 주식을 공모할 때, 공모가격이 결정되기 직전 특정 기간(보통 5일) 동안 해당 주식을 공매도(short selling)한 투자자는 그 공모주를 배정받거나 매수할 수 없도록 한다.
- **목적**: 투자자가 의도적으로 공매도를 쳐서 주가를 떨어뜨린 뒤, 낮아진 가격으로 신주를 싸게 배정받아 무위험 차익을 챙기는 얌체 같은 시세조종 행위를 막기 위함이다.

상장회사의 분리형 BW

사모 메자닌 발행은 지금은 전환사채(CB)가 대부분을 차지하고 있지만, 2013년까지만 해도 분리형 신주인수권부사채(BW)가 시장의 대세 상품이었다. CB는 신용도가 괜찮은 소수 기업만 발행이 가능했다. CB의 경우, 주가 상승 시 전환권을 행사하면 바로 채권이 주식으로 바뀌기 때문에, 기업 입장에서는 즉시 자본이 확충되고 부채는 사라져 선호하는 상품이었다.

반면, BW의 경우 채권 대용 납입과 현금 납입 두 가지 방식 중 선택할 수가 있어 기업 입장에서는 채권이 상환된 상황에서도 워런트(신주인수권증권)는 남아 있으니 지속적인 오버행(overhang, 주가가 전환가 근처에 오면 CB 투자자들이 매도할 거라는 판단 때문에 일반 투자자들이 매수를 꺼리면서 주가 상승이 막히는 현상)을 염두에 둘 필요가 있다.

BW가 극단적으로 악용되는 경우, 발행하자마자 즉시 채권은 상환하도록 하고 워런트만 남게 되기도 한다. 이 경우 기업의 실질적인 자금조달은 없는 반면, 잠재 주식이 될 워런트만 발행하는 셈이 된다. 이렇게 되면 그야말로 경영진과 투자자가 한통속이 되어 이득을 보고 소액주주만 손해를 보게 된다. 금융당국에서는 이런 폐단을 막고자 BW의 경우, 발행 후 채권 만기의 3분의 1보다 짧은 기간의 풋옵션을 제공하는 BW는 발행을 금지하도록 조처했다. 다만 이 규정은 2013년 9월 상장사의 분리형 BW 발행이 금지되면서 삭제되었다.

그렇다면 우리나라 상장사의 분리형 BW는 어떻게 생겨났을까?

배당을 하는 코스닥 기업은 흔치 않다. 이익을 충분히 내지 못하기 때문이기도 하고, 당장 이익을 내더라도 지속적으로 투자를 하지 않으면 경쟁에서 뒤처지기 때문이다. 우리나라 코스닥 기업들은 제조업 기반 비중이 높으며, 대기업들의 투자 계획에 따라서 설비투자를 해야 하는 경우가 많다. 예를 들어 현대자동차가 브라질에 완성차 생산 공장을 짓겠다고 하면 주요 부품업체들도 동반 진출하여 빠르게 부품을 조달할 수 있도록 지원해야 한다. 그래서 코스닥 기업의 최대주주들은 배당으로 이익을 취하기는 힘들다.

그렇다고 해서 중소·중견기업 오너가 높은 액수의 급여를 챙기기도 어

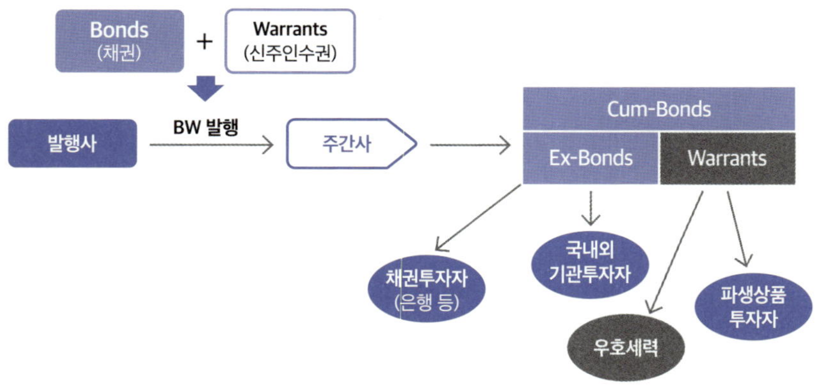

럽다. 회사의 지속적인 성장을 위해서는 투자를 계속해야 하고, 투자를 위한 재원을 마련하려면 증자나 메자닌 발행을 통해 자금조달을 해야 하는 상황에 봉착하게 된다. 상장회사들의 분리형 BW가 유행하게 된 이유다. 자금조달은 해야 하는데 지금 당장 자금이 없어 지분 방어가 힘든 오너 경영자들과 메자닌 투자자들의 이해관계가 맞아떨어진 것이다.

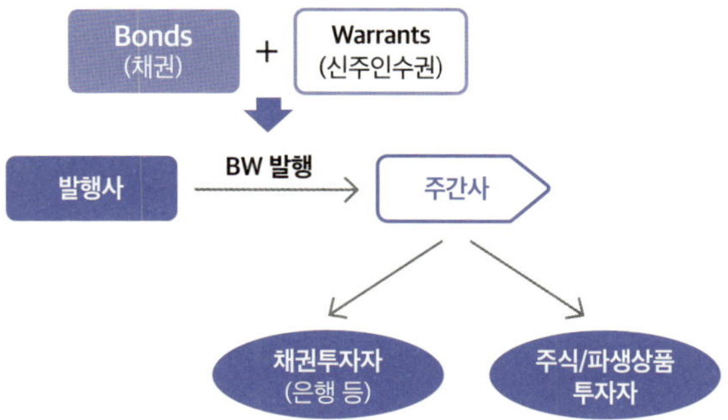

기업 사냥꾼 등 악용 사례

2010년 초까지 분리형 BW는 주로 5영업일 이내에 워런트만 분리해서 투자자와의 협상력에 따라 약 30~50% 수준의 워런트를 최대주주가 바이백(buyback)하는 형태로 발행되었다. 최대주주 입장에서는 워런트 만기가 5년이면, 그 안에 행사대금을 마련하면 되고 만일 행사대금을 마련하지 못한다면 우호 세력에게 워런트를 행사하게 함으로써 지배력을 유지·강화할 수 있었다.

분리형 BW를 최대주주 지분이 낮은 기업에서 발행해서 지분을 올리려는 목적인 경우 '지분 강화형 BW'라고 부르며, 지분율이 이미 높지만 자금조달에 따른 희석을 최소화하려는 목적인 경우 '지분 방어형 BW'라고 부른다. 이름이 어떻든 분리형 BW는 당장 현금이 없는 최대주주에게 지분 희석을 최소화할 수 있는 옵션을 제공하는 수단이 되었다.

분리형 BW가 주는 또 한 가지 중요한 혜택은 낮은 금리에 있었다. 일반 중소기업이 발행하더라도 시중금리보다는 훨씬 낮은 금리에 자금조달이 가능했고, 신용도가 높은 중견기업 또는 대기업이 발행하는 경우 제로금리도 가능했다. 따라서 분리형 BW를 발행하는 경우 최대주주 등의 지분 희석 이슈는 있으나 회사의 재무 면에서는 환영할 만한 상품이었다.

그러나 다른 많은 금융상품처럼 이를 정상적으로 활용하는 경제 주체만 있는 게 아니었다. 분리형 BW를 편법적으로 악용하는 사례도 적지 않았다. 첫 번째 악용 사례는 기업 사냥꾼들에 의한 사실상의 가장 납입이다. 일부 기업 사냥꾼들은 분리형 BW에 투자하면서 공시상으로는 기업이 수백억의 자금을 조달한 것처럼 보였지만, 실제로는 본인 소유의 기업들에 재투자하게 하여 자금을 본인 통제하에 두었고, 일반 투자자들이 해당 기업에 투자하도록 유도했다. 특히 기업 사냥꾼들이 재투자한 기업이 해외에 있는 기업이라면 투자의 진위 여부를 확인하는 데 오랜 시간이 걸리기 때문에 많은 피해자들을 양산하게 된다.

분리형 BW를 악용하는 두 번째 사례는 자녀들에게 재산 증여를 위해 워런트를 이용하는 경우다. 예를 들어, 주가가 1만 원이고 행사가격이 1만 원이며, 워런트가 1만 주인 분리형 BW가 있다고 해보자. 이 회사의 최대주주는 워런트를 되사는(buyback) 대상으로 자녀를 지정하여 헐값(예: 개당 100원)에 매입하도록 할 수 있다. 이후 시간이 지나 주가가 3만 원으로 상승하면

올라운더 투자법

자녀는 행사가격인 1만 원에 주식을 매입하게 되고 시장가격과의 차이인 2만 원 × 1만 주 = 2억 원을 챙길 수 있다. 즉 부모가 자녀에게 사실상 2억원 상당의 이익을 증여한 효과가 발생한다.

▮ 콜옵션부 CB, 공모 분리형 BW 관계

사모 분리형 BW의 규제를 통해 정부는 공모형 상품으로 유도하고자 했으나, 메자닌 업계에서는 전환사채(CB)에 콜옵션을 부여하여 이전의 사모 BW와 유사한 효과를 가지는 상품을 만들어냈다. 이른바 '콜옵션부 CB'다.

콜옵션부 CB를 이해하기 쉽게 설명하면 이렇다. 콜옵션부 CB란 CB를 발행하면서 최대주주에게 나중에 이 CB를 되살 수 있는 권리(콜옵션)를 부여하는 구조다. 즉, 회사가 발행한 CB를 투자자가 보유하고 있다가, 주가가 상승하면 최대주주가 콜옵션을 행사해 그 CB를 되산 뒤 전환해 지분을 확보하는 구조다.

콜옵션부 CB가 등장하면서 사모 BW를 규제하려는 본래의 목적(최대주주 및 특수관계인의 지분 확보 수단으로 활용하는 것을 방지)을 달성하기는 어렵게 되었다. 최대주주 및 특수관계인의 입장에서 사모 분리형 BW는 발행 직후 워런트를 매입해야 해서 선(先) 자금 지출로 인한 부담이 있는 반면, 콜옵션부 CB는 나중에 주가 상승 이후에 수익이 확실해졌을 때만 콜옵션을 행사해 자금을 투입하면 되기 때문에 자금 부담이 경감되는 효과가 있었다. 즉 콜옵션부 CB는 확실히 돈이 되는 순간에만 들어갔다.

물론 투자자들은 CB보다는 분리형 BW를 선호했다. 분리형 BW는 워런트를 따로 팔 수 있고 즉시 수익 실현이 가능한 단순한 구조인 반면, 콜옵션부 CB는 나중에 최대주주가 CB를 가져갈 수 있고 상방이 제한되어 있으며 수익 구조가 복잡했다. 따라서 제도 초기에는 신용도가 양호한 기업 위주로 콜옵션부 CB가 발행되었다.

이후 공모 분리형 BW도 허용되었는데 이유는 다음과 같다. 사모 분리형 BW를 막자 CB 발행조차 어려운 기업들은 자금조달이 어려워졌고 메자닌 시장은 위축되었다. 그러자 정부는 절충안을 택해 사모 분리형 BW를 제한하되, 2015년부터는 (일반 투자자 대상의) 공모 분리형 BW는 허용하게 되었다.

요컨대 정부는 워런트를 통해 최대주주가 지분을 늘리는 것을 막고 싶었으나 시장은 콜옵션부 CB라는 우회 구조를 만들었다. 결과적으로 정부의 규제 목적이 온전히 달성되지 못한 데다 오히려 최대주주의 자금 부담은 줄어드는 역설이 발생했다. 게다가 자금조달이 어려워진 기업들의 불만도 커졌다. 이에 정부는 절충안으로 공모 분리형 BW를 허용하게 된 것이다.

콜옵션 한도 및 상향 리픽싱 도입

2010년대 초까지 분리형 BW 중심으로 발행되던 메자닌 시장은 2013년 상장회사의 분리형 BW 발행이 금지되면서 콜옵션부 전환사채(CB) 중심 시장으로 빠르게 전환되었다. 콜옵션부 CB는 정부의 분리형 BW 발행 규제를 회피하는 측면이 강했지만, 법리상 발행을 금지할 수는 없었다. 많은 증권사의 기업 금융 담당 부서들은 법률 검토를 마치고 콜옵션부 CB를 찍어내기 시작했다. 이로 인해 금융당국은 2021년 「증권의 발행 및 공시 등에 관한 규정」을 일부 개정해 최대주주 및 특수관계인이 콜옵션을 가져갈 때는 본인들의 지분율 한도로만 가져갈 수 있도록 했다.

　올라운더 투자법

이와 동시에 전환가액의 재조정(refixing) 조항도 수정되었다. 이때까지는 전환가액의 조정은 하향 조정만 있었으나, 규정 개정으로 인해 전환가액 하향 조정 조항을 삽입하는 경우 해당 조정일에 초기 전환가액을 한도로 하여 전환가액을 상향 조정하는 내용도 포함되도록 했다. 2021년 이후 이른바 '상향 리픽싱'이 도입되면서 신주인수권부사채(BW), 전환사채(CB) 등 메자닌 투자의 매력은 크게 감소하게 되었다. 메자닌 투자의 매력은 주가가 하락하면 전환가가 하향 조정되고, 주가가 상승하면 낮은 전환가액 덕분에 큰 수익을 올리는 데 있었다. 그러나 상향 리픽싱이 도입되면서 주가 상승 시 전환가액도 올라가기 때문에 수익 확정력이 약해진 것이다.

여기에 메자닌 시장은 유기적으로 대응했다. 기존의 3개월 단위 리픽싱을 7개월 단위 리픽싱으로 변경하여, 상향 리픽싱 규제의 영향을 최소화하도록 했다. 7개월 단위 리픽싱이 주류를 이루게 된 것은 사모 발행의 경우 1년 후부터 전환권 행사가 가능하므로, 1년 이내에는 한 번의 리픽싱을 받고 다음 리픽싱이 도래하기 전에 전환권을 행사하여 리픽싱의 영향권에서 벗어날 수 있기 때문이다.

사모 CB의 경우 보통 발행 후 1년 후부터 전환권 행사가 가능하기 때문에 투자자는 1년 동안 전환을 하지 못한다. 투자자 입장에서는 리픽싱 주기가 짧을수록 유리하지만 상향 리픽싱 도입으로 6개월보다 짧게 리픽싱 주기를 설정하면 발행 후 하향 리픽싱이 되더라도 전환 가능일(발행 후 1년 경과 시점) 전에 다시 한번 리픽싱 주기가 도래하여 상향 리픽싱을 받을 수 있다. 그러나 7개월 단위로 리픽싱을 하면 2차 리픽싱인 14개월째에 상향 리픽싱을 맞지 않고 빠져나올 수 있다. 만약 리픽싱 단위가 7개월이 아니라 6개월이라면 전환 가능 시점인 12개월째 2차 리픽싱이 있어서 상향 리픽싱을 피할 수 없게 된다. 따라서 투자자에겐 7개월 단위 리픽싱이 전략적으로 최적의 주기다.

❙ 콜옵션 한도에도 가능한 100% 콜옵션부 메자닌

금융당국이 콜옵션 한도에 대해서 최대주주 및 특수관계인의 지분율을 한도로 규제하고 있지만, 메자닌 발행 시 100% 콜옵션을 설정하는 것도 가능하다. 핵심은 2021년 금융당국의 규제 대상이 최대주주 및 특수관계인이라는 것이고, 콜옵션을 누가 행사하느냐는 별도의 문제이기 때문이다. 즉 회사가 직접 행사하는 콜옵션은 제한 대상이 아니므로 회사가 발행된 채권을 100% 콜옵션을 행사해 매입·소각하는 것이 가능하다.

발행회사에 100% 콜옵션을 부여하는 '콜옵션부 CB'는 발행자가 '원하면' 채권을 회수할 수 있는 수의상환채권(callable bond)과 구조는 동일하며, 전환권이 추가된 형태다. 수의상환채권이란 채권 발행자가 만기 전 약정된 수의상환가격(콜 가격)으로 되살 수 있는 채권을 말한다.

발행회사에 100% 콜옵션을 부여하는 콜옵션부 CB가 어떻게 작동하는지 이해하기 쉽게 다음과 같은 예로 설명해 보겠다.

- 100억 원 CB 발행
- 발행 전환가: 5,000원
- 발행 1년 후부터 콜옵션 행사 가능
- 콜옵션 행사가격 = 액면가 + 이자

① 시나리오 A(주가 급등)
- 주가: 12,000원
- 투자자가 전환하면 대규모 지분 희석 발생
➡ 회사는 콜옵션을 행사해 채권을 다시 사서 소각한다. 희석을 차단하는 효과.

② 시나리오 B(주가 부진)

- 전환 안 됨
- 그냥 채권처럼 이자를 지급한다.

  ➡ 회사 입장에서는 '희석 통제 장치'가 된다.

실제로 메자닌에 100% 콜옵션을 적용하여 발행한 사례가 여러 건 있다. 애니플러스 제5회 사모 전환사채, 대성하이텍 제5회 사모 전환사채, 이노룰스 제3회 사모 신주인수권부사채, 뷰티스킨 제6회 사모 전환사채 등이 대표적이다.

100% 콜옵션 메자닌은 투자자에게는 채권과 다르지 않아서 투자 매력이 낮다. 그런데도 이런 방식의 투자에 대한 수요가 있는 것은 코스닥벤처 펀드 제도 때문이다. 코스닥벤처 펀드에서는 자산의 50% 이상을 '벤처 요건 충족 자산'에 투자해야만 공모주 우선 배정을 받을 수 있다. 이 벤처 요건 자산에는 벤처 기업의 비상장 주식, 벤처 기업이 발행한 상장 주식, 벤처 인증을 받은 상장사가 발행하는 메자닌 증권(CB, BW) 등이 포함된다.

특히 재무 구조가 우수한 벤처 상장사가 발행하는 메자닌 증권은 높은 수요가 있어 발행 조건도 일반 메자닌보다 더 유리하게 할 수 있으며, 극단적으로는 100% 콜옵션까지도 가능한 상황이다. 코스닥벤처 펀드 입장에선 이 딜에서 돈 벌 필요는 없으며 벤처 비율만 채우면 되기 때문에 그렇다. 수익 목적이 아니라 자격 유지 목적의 투자라고 볼 수 있다.

다만, 100% 콜옵션이라고 하더라도 금리가 매우 낮은 경우는 주로 메자닌 딜 확보가 어려운 소형·신생 운용사 중심으로 발행이 이루어지며, 메자닌 전문 운용사들은 이에 대한 투자는 지양하고 있다.

많은 투자자들이 혼동하는 용어 중 하나가 신주인수권증서와 신주인수권증권이다. 두 용어는 비슷해 보이지만 발행 배경, 가격 움직임, 투자 전략이 완전히 다르다. 투자자 입장에서 이 차이를 모르면 투자에서 큰 실수를 할 수 있다. 둘 다 상장되어 거래되고 있고 신주를 싸게 살 수 있는 권리라는 점은 비슷하지만, 실제로는 완전히 다른 상품이다.

먼저 신주인수권증서는 영어로 '라이츠(rights)'라고 표현되며, 주주배정 유상증자를 할 때 신주를 인수할 수 있는 권리가 있는 증서를 말한다. 주주배정 증자를 할 때는 신주 배정 기준일을 정하고 이 기준일에 해당 기업의 주식을 보유하고 있는 주주에게만, 신주 인수를 할 수 있는 권리를 보유 주식 수에 비례해 배정한다. 이 증표로서 신주인수권증서를 지급한다.

다시 말해 신주인수권증서는 "당신은 기존 주주이므로 할인된 가격에 신주를 살 권리가 있음"을 뜻하는 증표다. 예를 들어, 현재 주가가 1만 원인 신주를 발행가 8,000원(20% 할인가)에 살 권리다. 이 권리는 5영업일 정도 상장되어 거래된다. 만약 증자에 참여하기를 원치 않으면, 해당 주주는 이 권리를 팔아서 증자에 따른 손실을 일부 만회할 수 있다. 이때 신주인수권증서는 기존 주주의 '지분가치 희석 보상 장치'로 작용한다.

통상 주주배정 증자는 15~30% 수준까지 할인하여 발행되기 때문에 신주 발행가액과 현재 주가의 차이가 증서의 이론적인 가격이 된다. 신주인수권증서의 만기는 신주 배정 기준일부터 청약일까지로 매우 짧은 것이 특징이며, 해당 기간이 지나면 권리는 소멸한다.

한편 신주인수권증권은 분리형 BW에서 분리된 신주인수권을 말한다. 분리형 BW는 채권과 신주인수권으로 구성된다는 것을 앞서 보았다. 신주인수권증권은 영어로 '워런트(warrants)'라고 하며, 쉽게 말해 정해진 가격에

구분	신주인수권증서(Rights)	신주인수권증권(Warrant)
발생 배경	주주배정 유상증자	분리형 BW 발행
보유 자격	기존 주주만	BW 투자자
존속 기간	매우 짧음	수년
성격	손실 보전용	고위험 옵션
소멸	청약 후 바로 소멸	만기까지 존재

신주를 살 수 있는 옵션이다.

예를 들어 행사가가 5,000원이고 주가가 8,000원이면 신주인수권증권 투자자는 큰 차익을 얻게 된다. 반대로 주가가 4,000원이면 신주인수권증권은 휴지조각이 된다. 이는 성격상 장기 콜옵션으로 채권의 만기와 워런트의 만기가 일치하게 된다. 존속 기간이 수년이고 가격 변동성도 큰 편이다. 현재는 상장사의 사모 분리형 BW는 발행이 안 되기 때문에 공모 BW에서 분리된 워런트만 상장되어 거래되고 있다.

증권사 HTS에서 신주인수권증서 및 신주인수권증서를 조회할 때, 종목명 뒤에 R로 표현된 것은 신주인수권 증서, WR이라고 표현된 것은 신주인수권증권이다. 앞에 붙어 있는 숫자는 발행 회차를 의미한다. 그림 2-4(다음 쪽)에서 종목명 "KG모빌리티 122WR"은 122회차 발행한 KG모빌리티 신주인수권증권을 뜻한다.

신주인수권증서(라이츠)와 신주인수권증권(워런트)의 가장 큰 차이는 그 목적에 있다. 라이츠는 기존 주주를 보호하려는 목적으로 주식 희석을 보전하는 효과가 있다. 단기적이며 가격 계산이 명확하다. 반면 워런트는 투자 수단이다. 고위험·고수익, 레버리지 효과, 장기 투기적 성격을 띤다.

라이츠는 짧게 끝나지만, 워런트의 만기는 채권의 만기를 따라가기 때문

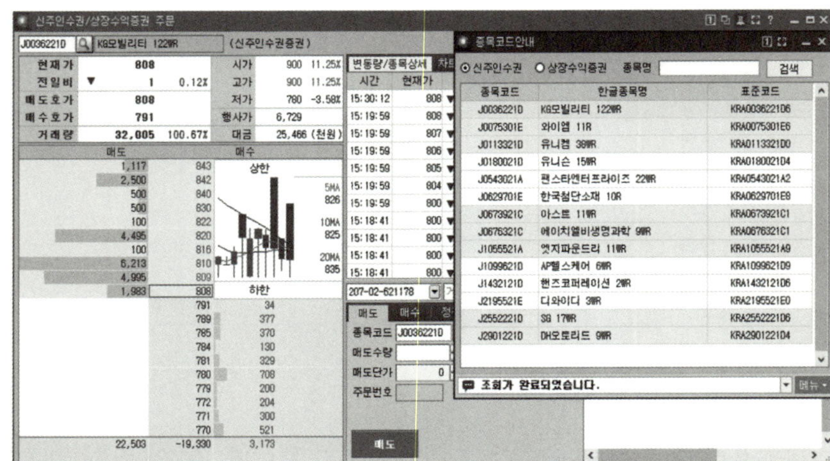

에 3~5년이 대부분이다. 라이츠는 상장 기간(통상 5영업일) 동안 매도하거나 청약을 해야 하며, 해당 기간이 지나면 소멸하므로 각별한 주의가 필요하다. 또 라이츠는 거의 현재 주가와 발행가액과의 차이를 반영하여 가격이 형성되는 반면, 워런트는 잔존 기간에 따라 가격 변동성이 높다.

요컨대 라이츠는 기존 회원에게 주는 한시적 할인쿠폰이고 워런트는 몇 년짜리 콜옵션 투자상품이다.

메자닌 회계 처리: 주가가 상승할수록 손실은 눈덩이 같다?

일반적으로 주가가 상승한다는 것은 회사가 이익을 잘 내고 있거나, 앞으로 사업 전망이 밝다는 것을 의미한다. 따라서 상장사들은 주가 부양을 위해 IR 등 많은 노력을 한다. 그러나 메자닌 발행 기업 입장에선, 주가가 상승하는 것을 마냥 기뻐할 수만은 없는 상황도 발생한다. 이는 국제회계기준(IFRS, International Financial Reporting Standards)상 회계 처리 때문에 발생하는 문제로, 메자닌을 발행하면 투자자에게 일종의 콜옵션을 부여하는 것과 같아서 주가가 상승했을 때 회사가 발행해 줘야 하는 주식의 가치가 상승하며 이 부분이 부채로 계상되기 때문이다.

이에 대해 좀 더 쉽게 설명해 보자.

IFRS에서는 메자닌 증권(CB, BW, CPS)을 발행할 때 보통 채권(또는 우선주) 부분과 전환권(콜옵션) 부분 두 덩어리로 나눈다. 첫 번째 채권 부분은 원금과 이자를 지급할 의무가 있는 전통적 금융 부채다. 두 번째 전환권 부분은 투자자가 주식으로 바꿀 수 있는 권리로 파생상품에 해당한다.

이 두 번째 전환권이 문제다. IFRS에서는 고정 금액으로 고정 주식 수를 교부하는 구조가 아니면 전환권을 '자본'이 아니라 '부채성 파생상품'으로 본다. 리픽싱 조항이 있거나 변동 전환가 구조라면 전환권이 파생상품 부채로 분류되는 것이다.

그럼 왜 주가가 오르면 손실이 커질까?

전환권은 사실상 투자자가 가진 콜옵션으로, 콜옵션의 가치는 주가가 오를수록, 변동성이 클수록, 만기가 길수록 상승한다. 주가 상승은 곧 전환권 가치 상승이므로 회사 입장에선 부채가 증가하는 것이고, 이를 평가손실로 인식하게 된다.

이런 회계 처리 방식은 실제 현금 유출로 손실이 발생하는 것이 아닐지라도 재무제표를 상당히 왜곡한다. 영업이익은 흑자여도 당기순손실이 발생할 수 있다. 심지어 파생상품 부채가 커지면 부채비율이 급등해 자본 잠식처럼 보이기도 한다. 현재는 금융당국에서도 이 같은 문제점을 인식하고

메자닌 발행에 따른 파생상품 평가손실에 의한 자본 잠식은 상장폐지 실질
심사 대상에서 제외하고 있다.

▍재무제표 왜곡, 투자자가 유의할 사항

반대로 주가가 하락하면 이익이 발생하는 기묘한 현상이 발생하기도 한
다. 주가가 떨어지면 전환권 가치가 하락하고 파생상품 부채가 감소하며
평가이익이 발생하는 것이다. 그러므로 주가 하락으로 흑자 전환이라는 이
상한 재무 구조도 나올 수 있다.

또 다른 문제로, 전환권이 많으면 앞으로 주식으로 바뀔 잠재적 주식 수
가 증가하면서 IFRS는 주당순이익(EPS, earning per share)에 이를 반영하게
한다. 따라서 아직 전환이 안 됐는데도 희석 EPS가 급감할 수 있다. EPS의
분모인 주식 수에 전환 가능 주식 수를 반영하기 때문에 그렇다. 이에 주가
수익비율(PER, price earning ratio)도 왜곡된다. PER = 주가 ÷ EPS이므로 희
석 EPS인 경우 PER는 몇 배 비싸 보이기도 한다.

따라서 투자자는 재무제표 주석에서 이 점을 유의해서 봐야 한다. 전환
가능 주식 수와 전환가, 그리고 리픽싱 조건, 나아가 희석 EPS와 기본 EPS
의 차이도 봐야 한다. 전환권이 많다는 것은 미래에 발행될 주식이 많다는
뜻이고 주당 이익(EPS)이 감소하며 PER가 왜곡될 수 있다. 기본 EPS와 희석
EPS 차이가 크면 메자닌 부담이 크다는 신호다.

㈜한국비엔씨의 사례로 이해해 보자. ㈜한국비엔씨는 2021년 4월 350억
원 규모의 제2회 사모 전환사채(CB)와 50억 원 규모의 전환우선주(CPS)를
발행했다. 발행 이후 이 회사가 개발하는 코로나 치료제에 대한 기대감으
로 주가는 계속해서 고공 행진했으며, 전환가(7,620원) 대비 8배 이상 상승

그림 2-5. 전환사채(CB) 및 전환우선주(CPS) 발행 이후 ㈜한국비엔씨 주가 추이

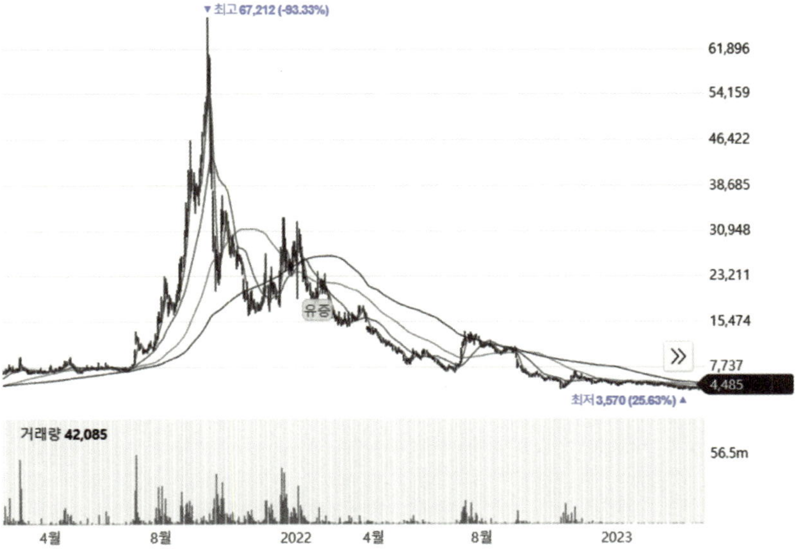

표 2-5. ㈜한국비엔씨 파생상품 평가손실 발생 공시

1. 파생상품 거래계약의 종류 및 내용		파생상품 금융부채 평가손실 발생 (전환사채, 전환우선주)
2. 손실 발생 내역	손실 누계 잔액(원) (기신고분 제외)	226,204,426,210
	자기자본(원)	36,993,184,906
	자기자본 대비(%)	611.47
	대기업 해당 여부	미해당
3. 손실 발생 주요 원인		1) 2021년 9월 말 기준 주가 상승으로 인해 전환사채 및 전환우선주 전환가격과 주가 간 차이가 발생함에 따라 파생상품 평가손실 등을 인식했다. 2) 한국 채택 국제회계기준(K-IFRS)에 따라 당사가 발생한 전환사채, 전환우선주를 파생상품부채 등으로 분류했으며, 공정가치 평가에 따른 평가손실로 현금 유출이 없는 손실이다.
4. 손실 발생일자		2021-11-15

했다. 이에 따라 파생상품 평가손실도 급증하여 당시 자기자본의 6배가 넘는 약 2,262억 원의 손실을 공시하기도 했다.

이 손실은 실제 돈이 나간 게 아니라 주가 상승에 따른 옵션 가치 증가였다. 이후 회사는 대규모 주주배정 유상증자를 통해 자본을 확충했다.

그림 2-5를 보면 ㈜한국비엔씨의 주가는 CB, CPS 발행 이후 급등했고 고점 형성 후 급락했다.

올라운더 투자법

제8장

메자닌 시장

메자닌 시장 규모

메자닌 발행은 2010년대 초만 하더라도 발행 규모 300억 원 이상의 딜은 많지 않았고, 대부분 50~150억 원 규모로 스몰캡에 해당하는 기업들이 주로 발행했다. 그러나 2016년 이후 메자닌 시장은 연 6~8조 원 시장으로 확대되었다.

메자닌의 발행주관 업무도 발행 규모 확대와 함께 중소형 증권사의 비즈니스에서 점차 대형 증권사의 비즈니스로 변화했다. 이전에는 하이투자증권(현 아이엠증권), 동부증권(현 DB금융투자), 이베스트증권(현 LS증권), 유진투자증권, 한양증권 등 중소형 증권사들이 발행주관을 주도했으나, 현재는 한국투자증권, KB증권, NH투자증권, 삼성증권, 신한투자증권, 대신증권 등 대형 증권사가 주로 발행을 주관하고 있다.

메자닌 발행이 2021년 급격히 증가한 것은 바이오기업들의 대규모 자금조달 및 2021년 12월 도입된 콜옵션 규제 및 상향 리픽싱 제도 영향이다. 콜옵션 규제는 최대주주 및 특수관계인이 가져가는 콜옵션의 한도를 이들

그림 2-6. 연도별 메자닌 증권 발행 규모

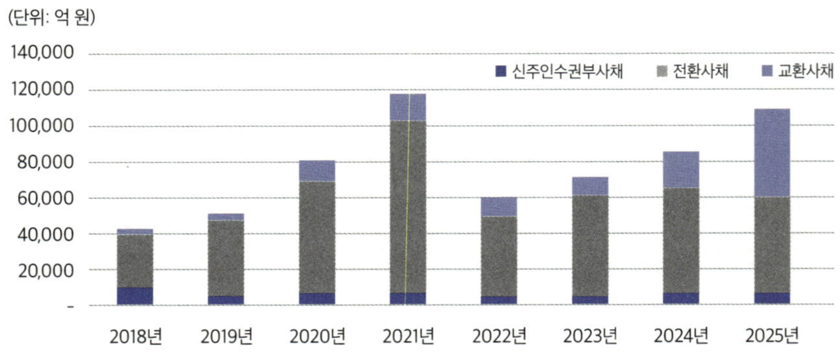

자료: 예탁결제원(등록발행 기준)

의 지분율 한도로 제한한 규정으로, 이 제도가 시행되면 지분 확보에 어려움이 있을 것으로 예상되기 때문에 많은 기업들이 제도 시행 전에 메자닌 발행을 서둘렀다. 또 상향 리픽싱 제도가 시행되면, 투자자에게는 수익을 제한하는 요소로 작용하기 때문에 콜옵션 확보가 시급했던 발행사의 최대 주주와 상향 리픽싱을 꺼리는 투자자의 니즈가 맞아 2021년 사상 처음으로 메자닌 발행 금액이 11조 원을 상회했다. 메자닌 발행은 2025년에도 약 10조 8,136억 원을 기록, 2022년 이후 성장세를 지속하고 있으며, 중소·중견 기업들의 주요한 자금조달 수단이 되어가고 있다(그림 2-6 참조).

국내 메자닌 투자자 변천

2000년대 초·중반 한국 자본시장은 해외 헤지펀드들이 메자닌 투자의 중심에 있었다. 국내 메자닌 전문 운용사가 거의 없었고 연기금·기관은 CB, BW 투자에 소극적이었다. 코스닥 기업들은 자금조달 수단이 제한적이었다. 반면 해외 헤지펀드들은 전환사채 차익거래에 능했고 파생상품과 헤지 전략을 적극 활용했다.

증권사 메자닌 발행도 국제금융팀이 담당했다. 외국인 투자자들의 니즈에 맞춰 달러화 또는 엔화로 메자닌을 발행해야 했기 때문이다. 당시 국내 금리는 6~8%인 반면 달러 또는 엔화 금리는 1~3%였기에, 당시 기업들은 저금리에 해외 투자자로부터 자금을 조달해 성장 전략을 그릴 수 있었다.

외화표시 메자닌(Foreign Currency-Denominated Mezzanine)은 금리가 낮다는 장점이 있었지만, 환율 변동이라는 또 다른 리스크를 내포하고 있었다. 특히 2008년 금융위기 당시 원화가 급격히 약세로 전환되면서, 기업들은 달러나 엔화로 표시된 채권의 원금을 상환할 때 원화 기준 부담이 30~50% 이상 증가하는 상황을 맞이했다. 이는 키코(KIKO, Knock-In Knock-Out) 사태와 마찬가지로 환율 리스크를 충분히 인지하지 못한 채 저금리의 장점만 보고 외화표시 메자닌을 선택한 결과였다.

해외 헤지펀드에서 국내 투자자로

키코란 환율이 일정 범위 안에 있으면 유리한 환율로 달러를 팔 수 있게 해주는 파생상품이었다. 달러를 벌어들이는 수출기업은 환율이 떨어지면 손해였기에 키코 상품에 가입했는데, 문제는 키코가 '양방향 레버리지' 구조였다는 데 있었다. 예를 들어 기준 환율이 1,000원인데 환율이 900~1,100원이라면 1,000원에 매도해 이익을 본다. 문제는 환율이 1,100원을 넘으면 의무적으로 달러를 대량 매도하게 되어 있는데, 가령 환율이 1,500원이면 키코에 가입한 기업은 의무적으로 1,000원에 달러를 팔아야 하면서 막대한 손실을 입었다.

외화표시 메자닌도 키코와 마찬가지로 환율 급등 시 위험했다. 저금리라는 착시 현상에 가려진 환차손이라는 리스크 때문이었다. 이후 메자닌 업계의 투자자는 빠르게 국내 투자자로 대체되기 시작했다. 신한캐피탈, IBK캐피탈, 산은캐피탈(현 KDB캐피탈) 등 여신전문금융회사와 SBI저축은행, W저축은행 등 저축은행, 증권사 PI부서(자기자본 투자 부서)가 적극적으로 메자닌 투자자로 떠올랐다. 실제로 W저축은행은 업계 최초로 메자닌금융팀을 조직하기도 했다.

그러나 이것도 잠시 2010년 중반에 들어서면서 한국형 헤지펀드 제도가 도입되었다. 캐피탈사나 증권사 PI부서보다 빠른 의사결정이 가능하고, 영업력이 뛰어난 사모 전문 운용사들이 진입하면서 현재까지 시장을 주도하고 있다.

다양한 메자닌 발행 목적

▌하락장에서 증자 수단

기업들의 메자닌 발행 동기는 다양하다. 기본적으로 메자닌 발행은 자금 조달 수단이다. 낮은 금리에 자금을 조달하고, 주가 상승 시 자연스러운 증자를 통한 자본 확충이 되기 때문이다. 증자를 하면 공시를 하자마자 주가가 하락하지만, 메자닌 발행은 공시를 했을 때 주가 하락이 크지 않다. 다만 메자닌 증권이 발행되는 동안에는 오버행이 작용해 주가 상승을 억누르는 경우가 종종 있다.

기업 입장에서 주가가 회사 내재가치 대비 많이 상승해 있을 때는 유상증자로 자금을 조달하는 것이 합리적이다. 같은 규모의 자금을 조달하더라도 주가가 상승했을 때는 상대적으로 적은 주식만 발행하면 되기 때문에 유상증자를 하는 편이 지분 회석이 적다. 또 상승 추세일 때는 투자자 심리가 좋기(모멘텀이 살아 있기) 때문에 증자 발표에 따른 주가 하락도 미미하다.

반대로 하락장에서 증자는 주가 하락에 '기름 붓기'가 될 수 있다. 주가가 하락하는 시기에는 작은 이벤트에도 주가 하락이 심화될 수 있는 데다 회석이 매우 커지고, 시장은 이를 자금 압박의 신호로 보기 때문이다. 이때 메자닌은 주가에 미치는 영향을 최소화하면서도 안정적으로 자금조달을 할 수 있는 방안이 된다.

이처럼 메자닌은 주가가 약세일 때 안전한 증자 수단이 된다. 다만 앞서 언급한 것처럼 메자닌은 주가가 일정 수준 오르면 전환 매물이 나올 가능성 때문에 주가 상승이 눌리는 현상, 즉 오버행은 부담이 될 수 있다.

그럼 메자닌 증권은 주로 어떤 기업이 발행할까?

자금 소요가 많지만 자금조달 능력이 약한 성장기 기업들이 주로 메자닌을 발행한다. 최근에는 바이오, 2차전지, 로봇 등 신성장 산업을 영위하는 기업들이 신규 자금 유치 수단으로 메자닌 증권을 활용하고 있다.

▎ 승계 목적: 삼성과 그 외 중소기업들

메자닌은 기업의 승계에도 종종 활용된다. 대표적인 것이 삼성에버랜드의 전환사채(CB) 사건이다. 삼성에버랜드는 1996년 12월 약 100억 원의 CB를, 시가(주당 8만 5,000원)보다 훨씬 낮은 가격인 주당 7,700원에 주주배정 방식으로 발행했다. 매우 낮은 가격이었는데도 기존 주주 중 제일제당을 제외한 삼성그룹 계열사 및 임원들이 CB 인수를 포기했다. 주주들이 포기한 CB 물량은 이건희 삼성그룹 회장의 자녀들에게 넘어갔고, 이들은 이를 전환해 에버랜드 지분을 확보했다. 결과적으로 적은 자금으로 회사 지분을 확보하고 상속세 및 증여세를 절감한 이 사건은 편법적 경영권 승계 논란으로 이어졌다. 이 논란은 13년이라는 오랜 기간 법정 공방으로 이어졌다.

2009년 5월 29일 대법원은 최종적으로 이렇게 판결했다. CB 발행은 기존 주주배정 방식이었고, 기존 주주가 자발적으로 실권했기에, 법적으로 배임 등 불법이 아니며 승계를 위한 전략이라고 보기 어렵다. 다만 재판에 참여한 11명의 대법관 중 6명은 무죄 의견을 냈으나, 5명은 에버랜드의 CB 발행은 사실상 제3자 배정에 해당한다고 판단했다. 이재용 당시 전무는 인수한 CB를 주식으로 전환해 에버랜드의 최대주주가 되었다.

이번엔 1999년 2월 삼성SDS가 발행한 신주인수권부사채(BW) 사례를 보자. 당시 이건희 삼성그룹 회장은 삼성SDS의 BW를 제3자 배정 방식으로 발행하되, 시장가치 대비 매우 낮은 가격으로 자녀들이 인수하도록 했다. BW는 앞서도 보았지만 신주인수권(워런트)이 붙은 채권으로 인수자는 나중에 정해진 가격으로 주식을 살 수 있게 된다. 삼성SDS BW 발행은 대법원에서 유죄 취지로 파기환송되었다.

왜 이 사건은 에버랜드 사건과 달리 유죄 판결이 났을까?

현저히 저가로 특정인에게 신주인수권을 배정했기에 기존 주주 이익 침해에, 저가 증여 효과까지 발생했다는 논리가 성립하기 때문이다. 이후 삼성특검이 상고를 포기하면서 삼성의 메자닌 판결은 막을 내리게 되었다.

한편 삼성에버랜드는 2013년 제일모직의 패션사업을 1조 500억 원에 인수한다. 이후 2014년 상장하면서 사명을 '제일모직'으로 변경하고, 제일모직은 2015년 다시 삼성물산과 합병하여 지금의 삼성물산이 되었다. 이때 제일모직과 삼성물산의 합병 비율을 문제 삼아 미국계 행동주의 펀드 '엘리엇(Elliott Management)'이 합병을 반대하는 엘리엇 사태가 발생하기도 했다.

삼성물산 주주가 1주를 가지고 있으면 합병 후 0.35주를 받는 구조였다. 치열한 표 대결 끝에 2015년 7월 임시 주주총회에서 찬성 69%로 합병안이 통과되었고, 삼성물산이 그룹 지배구조 최정점이 되었다.

요컨대 에버랜드 → 제일모직 → 삼성물산으로 이어지는 지배구조 재편 과정에서 메자닌으로 확보한 지분은 이재용 회장이 삼성그룹 지배구조 최정점에 있는 삼성물산의 최대주주가 되는 밑거름으로 작용했다.

이후 많은 중소·중견기업이 메자닌 증권을 승계에 적극 활용하고 있다.

표 2-6. 성신양회(주) 제85회 신주인수권부사채(BW) 발행 내역

구분		제85회 무보증 신주인수권부사채
발행일자		1999. 8. 10
권면 총액		200억 원
사채 배정 방법		사모
신주인수권 행사 기간		2000. 8. 10 ~ 2004. 8. 9
행사 조건	행사 비율(액면 대비)	100%
	행사가액	7,730원
행사 대상 주식의 종류		기명식 보통주식
기행사 신주인수권부사채	사채 금액	0
	기발행 주식 수	0
미행사 신주인수권부사채	사채 금액	200억 원
	발행 가능 주식 수	2,587,322주
비고		무기명, 만기일: 2004. 8. 10
		한국증권거래소

자료: 성신양회㈜ 1999년 반기보고서

표 2-7. 성신양회㈜ 신주인수권 행사 청구 공시

[일별 신주인수권 행사 청구 내역]

(단위: 원, 주)

청구 일자	청구 권자	사채의 명칭		청구 금액	행사 가격	발행할 주식 수	상장 (협회 등록) 예정일
		회차	종류				
2004년 4월 12일	김태현	85	무보증 신주인수권부사채	5,000,000,000	5,989	834,863	2004년 4월 20일
2004년 4월 12일	김석현	85	무보증 신주인수권부사채	5,000,000,000	5,989	834,863	2004년 4월 20일

자료: 금융감독원 전자공시

올라운더 투자법

1967년 설립된 성신양회㈜도 분리형 BW를 승계에 적극 활용한 기업으로 유명하다. 김영준 회장의 아들 김태현 성신양회 현 회장은 1974년생으로 미국의 루이스앤클라크대(Lewis & Clark College)를 졸업했다. 2000년 김영준 회장으로부터 증여받은 주식 및 장내 매수로 취득한 주식이 있었으나, 이 때까지만 해도 김태현 회장의 지분율은 10%도 채 되지 않았다.

성신양회㈜는 1999년 200억 원의 분리형 BW를 발행했다. BW 발행 후 채권은 바로 매입 후 소각해 워런트(신주인수권증권)만 남게 되었다. 해당 워런트는 김태현 회장과 동생 김석현 부회장에게 배정되었으며, 이 중 절반은 행사를 포기했으나 나머지 절반은 모두 행사해 형제가 사이좋게 각각 83만 4,863주씩 저가에 취득해 승계의 기틀을 마련했다.

성신양회는 이후 2013년에도 분리형 BW를 발행했으며, 역시 워런트를 두 형제가 나눠 가진 후 2016년 행사하여 지분을 확대할 수 있었다.

메자닌을 통한 승계는 분명 일반 주주와의 형평성 차원에서 불합리한 면이 있다. 다만 증여 및 상속세율이 세계 최고 수준인 우리나라 세제 환경을 고려하면 어쩔 수 없었다는 변명도 이해할 수는 있다. 오너 경영이 전문 경영인보다 더 나은지에 대한 논의는 차치하더라도 2~3세대를 거치면 상속세 문제로 최대주주 자리와 경영권을 내놓아야 할 수밖에 없는 상황은 문제 의식을 갖고 바라봐야 할 것이다.

기업 인수 수단

메자닌은 기업을 인수할 때도 종종 사용되는 수단이다. SK에코플랜트㈜가 삼강엠앤티㈜(현 SK오션플랜트㈜)를 인수한 사례를 살펴보자. 2022년 7월 SK에코플랜트㈜는 삼강엠앤티㈜의 최대주주였던 송무석 대표이사 외 4인의 주식을 약 500억 원에 매수하면서 유상증자 약 2,926억 원, CB 1,168억 원을 추가로 인수했다. 최대주주 지분 인수를 하면서 유상증자와 CB 투자를 병행한 것은 신규 자금을 투입해 삼강엠앤티㈜의 설비투자를 지원하기 위한 것으로 보인다.

이때 회사에 투입하는 신규 자금을 유상증자와 CB로 나눈 이유는 뭘까?

이렇게 기업을 인수하면서 하는 메자닌 투자는 통상 자본 차익을 얻기 위한 목적은 아니다. SK에코플랜트㈜가 삼강엠앤티㈜를 자회사로 편입하면 자회사로부터 자금을 회수하는 방법은 감자를 하지 않는 이상 배당밖에 없다. 그런데 CB로 투자하면 향후 사업의 진척도를 보면서 회사가 어려워지면 주식으로 전환해 추가 증자를 하고, 사업이 순조롭게 나아간다면 1,168억 원만큼은 회수해 모회사가 사용할 수 있는 장점이 있다.

▮ 엑스(X), 재벌 그룹사도 한다!

메자닌은 중소기업의 궁여지책이 아니라 글로벌 빅테크와 대기업도 활용하는 금융 수단이다. 이를 보여주는 사례로 엑스(X, 옛 트위터)의 CB 발행 사례를 보자. 트위터는 2014년 이후 수억~수십억 달러에 이르는 CB를 반복적으로 발행했다. 0~0.375% 수준의 낮은 금리로 만기 5~7년에 해당하는, 대규모 자금조달 목적의 CB 발행이었다.

구체적으로 2014년 5년 만기, 7년 만기의 CB를 각각 6억 5,000달러 규모로 발행했으며, 각 CB에 최대 1억 달러씩 초과 배정할 수 있는 옵션을 부여했다. 2018년에도 약 11억 5,000달러의 선순위 CB를 발행했으며, 만기는 2024년이었다. 이 CB 이자는 0.25%로 매년 6월 15일, 12월 15일 두 차례 지급하는 방식이었다. 2020년과 2021년에도 각각 10억 달러, 14억 4,000달러의 5년 만기의 CB를 발행했으며, 금리는 각각 0.375%, 0.0%로 매우 낮은 이자 조건으로 자금조달에 성공했다.

당시 X는 지속적으로 적자였고, 현금흐름 변동성과 주가 변동성이 컸다. 일반 회사채 발행 시 금리가 높게 요구될 가능성이 컸기에 저금리 CB 발행이 유리했다. 어떻게 금리 0%의 CB 발행이 가능했을까?

참고로 국내 중소·중견기업들의 메자닌 발행금리는 0~5% 수준이다. CB 투자자들이 X의 기업가치 상승 가능성을 크게 신뢰했기에 0% 금리가 가능했다. 주가 상승 시 전환을 통해 큰 수익을 기대할 수 있기 때문에 이자를 거의 받지 않아도 투자한 것이다.

다음으로 재벌 그룹사 사례를 살펴보자. 재벌 그룹사의 경우 대부분 회사채로 자금을 조달하지만 대규모 자금조달이 필요한 경우, 또는 부채비율이 높아 회사채 금리를 높게 부담해야 하는 경우 메자닌으로 자금조달을 하는 사례가 종종 있다. 기아차 및 코오롱의 공모 BW, GS건설 및 SK하이닉스의 해외 교환사채(EB) 발행이 대표적인 사례이다.

기아차는 2009년 3월 6일 운영자금 목적으로 4,000억 원의 제275회 BW 발행을 결정했다. 발행 당시 기아차는 현금흐름이 악화돼 외부 자금조달이 불가피한 상황으로, 만기가 임박한 회사채와 기업어음(CP) 상환을 위해 BW 발행 이외에 다른 선택의 여지가 없었다.

BW 행사가격은 6,880원으로 BW 발행 당시 기준시가인 6,550원보다 5% 할증된 가액으로 결정되었다. BW 발행 이후, 재무 구조 개선과 자동차 판매 호조 등으로 주가가 사상 최고치를 기록하며 BW 권리행사 기간 종료일인 2012년 2월 17일 7만 2,000원으로 장을 마감했다. 투자자들은 BW 발행 당시보다 무려 10배 이상의 차익을 누릴 수 있었다.

우리나라 재벌 그룹 중 하나인 ㈜코오롱도 2009년 2월 12일 운영자금 목적으로 1,000억 원의 제195회 BW 발행을 결정했다. 주가가 하락하는 경우

6개월마다 하향 리픽싱이 적용되어 최초 행사가액의 90%까지 조정이 가능한 조건이었다. 같은 해 12월 기업분할이 진행되면서 약 123억 원의 BW가 코오롱인더스트리㈜로 이전되었으며, 이에 따라 사채의 명칭은 '제2회 코오롱인더 BW'로 변경되었다.

이 BW는 주가 하락에 따른 리픽싱은 적용받지 않았으나, 회사의 유상증자 실시에 따른 희석 방지 조항에 의거해 BW 발행 시 2만 6,800원이었던 행사가격은 2010년 12월 15일 2만 5,600원으로 조정되었다. 신주인수권 행사 기간 만료일인 2012년 1월 26일 종가는 7만 800원으로 상승해 투자자들은 큰 시세차익을 얻을 수 있었다.

메자닌 발행 시 고려 사항

▮ 자금조달의 우선순위 결정

회사의 최고경영자들은 설비투자, 연구개발(R&D), 기업 인수합병(M&A), 운전자본 등 자금 소요가 있을 때 자금조달 방식을 놓고 많은 고민을 하게 된다. 그 방식을 결정하는 데 여러 요인이 있겠지만 그중 가장 중요하게 고려하는 요소가 바로 자금조달 비용이다. 기업들은 조달 비용이 저렴한 방식을 선호하는데, 이런 방식을 정리한 것이 'pecking order theory(자금조달 우선순위 이론)'이다. 스튜어트 마이어스(Stewart Myers)와 니콜라스 말루프(Nicolas Majluf)가 1964년 이 이론을 제시했다. 'Pecking order'란 닭이 모이를 쪼아먹는 순서에서 나온 말로 '서열' 또는 '순서'를 의미한다.

기업도 자금을 조달할 때 선호하는 순서가 있다는 것인데, 가장 선호하는 방식은 영업이익으로 창출하는 현금으로 내부 조달에 해당한다. 이는 조달 비용을 고려할 필요가 없으며, 사업의 우선순위만 정하면 된다.

내부 자금이 제한적일 경우 외부 조달을 고려할 수밖에 없다. 외부 조달은 크게 차입 및 사채 발행 등 타인자본을 통한 조달과 유상증자를 통한 자기자본 조달이 있고 그 중간에 있는 것이 메자닌 방식이다. 외부 조달 중 기업이 가장 선호하는 것은 차입 및 사채 발행이다. 차입 및 사채 발행은 금리는 일정 부분 부담하더라도 주주에 대한 보상을 하지 않아도 되기 때문에 조달 비용이 가장 낮다고 인식된다. 그러나 높은 신용도가 뒷받침되지 않는다면 자금조달 자체가 어렵다.

기업들이 차입 및 사채 발행 다음으로 선호하는 방식이 메자닌을 통한 조달이다. 이는 타인자본과 자기자본의 중간쯤 위치한다.

기업들이 자금조달을 할 때 가장 선호하지 않는 방식이 유상증자이다. 유상증자를 발표하면 곧바로 주가가 하락하기 때문에 주주들이 가장 선호하지 않는 방식이기도 하다. 일반적으로 채권 대비 주식이 리스크가 높다

TIP [알고 가자!] 자금조달 우선순위 이론(Pecking order theory)

기업이 자금조달을 할 때 선호하는 순서를 제시한 이론이며 핵심은 다음 순서다.

① 내부자금(이익잉여금)
② 부채(차입, 회사채)
③ 메자닌(CB, BW 등)
④ 신주 발행(유상증자)

기업이 바로 유상증자를 하면 주가가 급락할 수 있다. 반면 메자닌은 당장 주식이 늘어나지 않고 부채 성격도 있으며 투자자에게 옵션을 주므로 증자보다 충격이 작다. 따라서 '자금조달 우선순위 이론' 관점에서 메자닌은 부채와 주식 사이의 중간 단계 자금조달 수단이다.

고 판단되기 때문에 투자자의 요구 수익률이 높을 수밖에 없으며, 채권 투자자에 대한 보상은 채권 만기에 모두 끝나지만 주주에 대한 보상은 이익이 발생하는 동안 영구히 지속될 수 있다. 그래서 정상적인 기업을 가정할 때 메자닌 발행이 어려운 기업들이 주로 유상증자를 통한 자금조달 방식을 선택한다.

기업뿐만 아니라 기업의 최대주주 입장에서도 유상증자보다는 메자닌을 선호한다. 같은 금액을 조달하더라도 유상증자를 시행하면 할인율만큼 주식 수를 증가시켜야 하므로 지분율 하락(지분 희석)이 크지만, 메자닌의 경우 리픽싱(행사가액 재조정)이 되지 않는다면 할인 없이 증자하는 것과 같아서 지분율 하락(지분 희석)이 제한적이기 때문이다. 또 메자닌은 주가가 상승하지 않는 경우 지분율 하락(지분 희석) 없이 낮은 이율로 자금만 사용하는 셈이 되기도 한다.

▌좋은 메자닌이 부메랑이 되어 돌아온다?

메자닌 발행의 주요 조건은 채권의 만기, 만기수익률(yield to maturity), 표면금리 등 채권의 기본 조건에 더해, 전환권 또는 신주인수권과 함께 풋옵션(put option), 콜옵션(call option), 리픽싱(refixing) 조항 등이 포함되는 구조라고 볼 수 있다. 채권의 만기는 길수록, 만기 이자율과 표면금리는 낮을수록 기업에 유리하다.

풋옵션은 투자자가 만기 이전에 상환을 청구할 수 있는 권리로, 메자닌 증권 발행에는 거의 대부분 이 조건이 포함된다. 발행사 입장에서는 풋옵션 기간이 길수록 더 오랫동안 자금을 안정적으로 사용할 수 있기 때문에 유리하다. 투자자가 풋옵션을 행사할 때의 금리를 풋 금리라고 하며, 풋 금리가 낮을수록 기업에는 유리하다.

풋옵션이 투자자의 권리라면, 콜옵션은 발행회사의 권리이다. 즉 회사가 투자자로부터 CB를 조기 매수(상환)할 수 있는 권리다. 예를 들어 콜옵션이 발행 금액의 30%로 정해졌다면, 회사 또는 콜옵션 행사자로 지정된 자는 전체 발행 금액의 30%까지는 정해진 콜금리(call premium, 조기 상환 가산금)를 지급하고 CB를 매수할 수 있다.

콜옵션을 행사하는 것은, 주가가 전환가보다 충분히 상승해 전환이 유리해진 상황에서 회사가 지분 희석을 방어하기 위한 목적일 때가 많다. 왜냐하면 주가가 상승하면 투자자는 전환을 시도할 것이고, 전환을 하면 주식 수가 증가해 지분 희석이 발생하기 때문이다.

회사에서 콜옵션을 행사하는 것은 계약상 한도 내에서 가능하며, 계약상 콜 한도를 100%로 설정하는 것도 가능하다. 다만 국내 CB의 경우 최대주주 및 특수관계인의 콜옵션 행사는 본인의 지분율을 한도로 제한되고 있다. 콜옵션 한도가 높을수록 회사는 현금 상환 부담이 커지므로 무조건 회사에 유리하다고 보기는 어렵다.

메자닌 증권 발행회사에서 가장 큰 오해를 하는 부분이 리픽싱이다. 리픽싱은 규정상 초기 전환가액의 70%까지(정관에 규정이 있고, 주주총회 승인을 받는 경우 액면가까지 가능) 가능하지만, 발행회사에서는 리픽싱 없이 메자닌을 발행하거나 할증하면 지분 희석을 최소화하고 자금을 조달할 수 있기 때문에 유리하다고 판단한다.

그런데 리픽싱은 마치 투자자 보호 장치처럼 보이지만, 발행사에게도 '차환 리스크를 줄여주는 보험' 역할을 한다. 왜 그런지 살펴보자.

메자닌 증권을 발행하고 전환이 되지 않으면 어떻게 될까?

회사는 주가가 오르면 CB가 주식으로 바뀌고 현금 상환을 안 해도 될 것으로 기대한다. 그러나 만약 주가가 8,000원으로 떨어졌거나, 상승했다 해도 미미한 수준이고 전환가가 1만 원이면, 투자자는 전환을 하지 않을 것이다. 이때 리픽싱이 없다면 전환가는 계속 1만 원이고 주가가 8,000원이라면 투자자는 전환권을 행사하지 않고 결국 현금 상환을 할 것이다.

통상 메자닌 발행은 전체 시가총액의 10~20% 수준에서 발행되므로, 시가총액 1,000억 원 회사는 100억 원에서 200억 원 수준으로 메자닌을 발행한다. 이런 회사에서 100억 원은 2~3년 치 영업이익일 수 있으며, 이를 상환하려면 큰 부담이 되는 경우가 많다. 자체 보유 현금이 없으면 다시 시장에서 자금을 조달하여 상환(차환)할 수밖에 없는데, 이 경우 기업의 시가총액은 낮아진 경우가 많으므로 같은 금액을 조달하려면 더 많은 지분 희석을 감내해야 한다.

메자닌 차환에 실패하는 경우 더 나쁜 조건의 CB를 발행하거나, 급하게 유상증자를 통해 자금을 조달해야 하기 때문에 기업으로서는 가장 선호하지 않는 자금조달 방식으로 갈 수밖에 없다. 그러나 리픽싱이 있다면 어떻게 될까?

리픽싱 70%라고 가정하면 최초 전환가 1만 원은 주가 하락 시 전환가 7,000원까지 조정 가능하다. 만약 주가가 8,000원이라면 투자자에겐 이익이니 전환권을 행사할 것이다.

많은 사람이 리픽싱은 지분 희석이 커지니까 회사에 불리할 수 있다고 판단한다. 단기적으로는 그렇지만 리픽싱이 없으면 장기적으로는 이처럼 현금 상환 부담과 차환 위험이 크므로 재무 악화를 초래할 수 있다.

리픽싱 70%라 하더라도 메자닌 발행 이후 주가가 지속 상승하는 경우 리픽싱은 적용되지 않기 때문에 회사의 성장을 확신하는 기업들은 굳이 리픽싱을 꺼릴 이유가 없다.

 올라운더 투자법

▌ 사모가 공모보다 조달 비용이 낮다

사모 메자닌으로 자금을 조달하는 것은 몇 가지 장점이 있다. 예를 들어 CB를 발행할 때 공모 CB를 발행하게 되면 주관사를 선정해야 하고 인수기관도 구성해야 한다. 복수(2개 이상)의 신용평가사에서 신용평가도 받아야 하며, 채권 관리기관도 선정해야 한다. 그리고 금융감독원에 증권신고서를 제출해야 한다. 증권신고서가 수리되고 청약 및 납입 절차를 진행하게 되면 이사회 결의부터 약 1~2개월 정도의 시간이 필요하다. 반면에 사모 발행의 경우 투자자만 신속히 모집할 수 있다면 발행까지 소요되는 기간은 빠르면 2주 내에도 가능하다.

자금을 조달하는 기간뿐만 아니라 비용 면에서도 사모 발행이 유리하다. 통상 사모 발행에는 주관사 수수료가 없거나(사모 메자닌을 인수하는 투자기관에서 통상 1.0% 수준의 청약 수수료를 부담함) 발행 금액의 0.5% 미만으로 아주 낮게 설정이 된다. 그러나 공모의 경우 기본적으로 인수수수료가 0.8~1.5%가 부과되고 대표 주관사가 별도로 있다면 대표 주관 수수료도 부담해야 한다. 모집 주선이 아닌 잔액 인수 방식이라면 혹시 모를 실권(미매각) 리스크에 대비하기 위해 인수기관들은 실권 수수료를 별도로 책정한다.

여기서 모집 주선은 주관사가 인수를 하지 않고 말 그대로 모집의 창구 역할만 담당하는 구조로 실권된 물량은 발행하지 않는다. 반면 잔액 인수 방식은 주관 회사가 모집을 한 후 청약이 되지 않은 물량에 대해서는 인수기관들이 인수 비율대로 나누어서 채권을 인수하게 된다. 즉 모집 주선 방식은 소정의 주관사 수수료는 부담하지만(주관사 입장에서는 인수 부담이 없기 때문에 인수수수료에 비해 적은 금액의 수수료만 받음) 자금조달은 불확실한 반면, 잔액 인수 방식이면 발행사가 인수수수료 및 실권 수수료를 부담하지만 자금조달은 확실하다는 장점이 있다.

2024년 11월 29일 ㈜엔켐은 공모 방식으로 2,500억 원의 CB를 발행했다. KB증권이 대표 주관을 맡고 대신증권이 인수단으로 참여했다. 대표 주관 회사인 KB증권은 이 발행 물량의 80%에 대해 인수를 책임지고, 인수 회사인 대신증권이 20%를 책임지는 구조였다. 인수수수료는 인수 금액의 0.8%, 대표 주관 수수료가 0.2%였다. 여기에 사채 관리를 담당하는 흥국생명보험의 수수료 4,000만 원(정액)이 더해지게 된다.

문제는 발행사가 이런 수수료에 대해선 비용으로 명확하게 인지하고 있으나, 실권이 날 때 발생할 실권 수수료에 대해선 크게 생각하지 못하는 경우가 많다는 것이다. 앞서 언급한 모든 수수료를 더하면 발행 금액의 1.0% 남짓이지만, 실권 수수료는 최종 인수 금액의 10.0%로 매우 높은 수준이다. 주관 회사에서 실권 리스크와 실권 수수료에 대해서 충분한 설명을 하더라도 발행사는 통상 실권이 발생할 위험에 대해 낮게 평가하기 때문에 해당 리스크가 현실화될 수 있다는 점을 간과한다.

실제로 ㈜엔켐 공모 CB는 실제 약 350억 원만 청약이 이루어지고 약 2,150억 원의 실권(미매각)이 발생했다. 해당 물량은 인수기관이 인수 비율에 따라 나누어 최종 인수했으며, 발행회사는 약 215억 원의 추가 비용을 부담했을 것으로 추정된다.

| 공모 메자닌 발행 이유

메자닌 증권 발행에서 공모는 사모보다 절차가 복잡하여 자금조달 기간도 오래 걸리고 비용도 많이 든다. 그런데도 기업들은 여전히 공모시장의 문을 두드리고 있다. 왜 그럴까? 공모로 자금을 조달하는 기업들의 유형을 살펴보면 그 이유를 알 수 있다.

올라운더 투자법

사모는 빠르고 간편하게 자금조달이 가능하기 때문에 많은 기업들이 사모 방식으로 진행하기를 선호한다. 그러나 사모로 조달할 수 있는 기업들은 깐깐한 투자기관들의 눈높이를 충족시킬 수 있는 기업들이다. 기관들은 투자금이 충분하더라도 상환 리스크가 있거나, 주가 상승 가능성(upside)이 없다면 투자를 꺼릴 수밖에 없다. 그래서 사모로 자금조달이 어려운 기업들은 공모로 선회하게 된다. 사모 메자닌으로 자금조달을 하다가 여의치 않아 공모로 변경한 사례에는 엠에프엠코리아㈜, 유니슨㈜, 한국유니온제약㈜, ㈜유니켐 등이 있다.

공모로 메자닌을 발행하는 또 다른 유형은 대규모 자금조달이 필요한 기업인 경우이다. 조달 금액이 몇백억 원 수준이라면 좋은 기업들은 사모로도 충분히 자금조달이 가능하지만 1천억 원을 넘어가게 되면 펀딩이 어려운 경우가 많다. 이런 경우 기업들은 공모시장에서 자금을 조달하게 된다. 동아에스티㈜가 2021년 8월 1,000억 원의 자금을 조달하면서 공모 CB로 진행한 경우가 대표적이며, KG모빌리티㈜(공모 BW 1,500억 원), CJ CGV㈜(공모 CB 4,000억 원) 등도 공모 메자닌을 통해 대규모 자금을 조달했다.

제9장

스마트한
메자닌 투자

메자닌 투자에 관한
오해와 진실

이제까지 메자닌 증권에 대해 자세히 살펴보았다. 메자닌 증권의 유형과 특성, 메자닌 시장의 역사와 규제에 대해서 초보자도 알기 쉽게 최대한 풀어 설명해 보았다. 그럼에도 개인투자자에겐 메자닌 투자가 여전히 낯설고 어려울 수 있다.

메자닌 투자를 어떻게 할 것인가? 이번 장에서는 어떤 메자닌을 어떻게 투자해야 하는지 실질적인 메자닌 투자 전략에 대해서 알아보려고 한다.

▌메자닌 투자자는 발행사와 친하다?

가끔 유튜브를 보다 보면, 메자닌 발행사와 투자자 사이에 '짬짜미'가 있다는 이야기를 자주 듣게 된다. 예를 들어 어느 기업이 전환사채(CB)를 발행하고 리픽싱 조건이 달려 있으면, 회사와 투자자가 짜고 주가를 인위적으로 낮춰서 리픽싱을 받고 이후 주가를 띄워서 이익을 취하려는 것일 수 있다고 의심한다. 물론 소수의 질이 좋지 않은 기업과 투자자가 만나면 가능한 시나리오이긴 하다. 그렇지만 정상적으로 투자하는 기관들(자산운용사, 증권사 등)이 주가를 인위적으로 낮추고 다시 띄운다는 것은 거의 불가능에 가깝다.

기관이 투자하는 정상적인 기업의 경우, 최대주주는 주가 하락 시 리픽싱으로 인해 전환 주식 수가 증가하고 지분율이 크게 희석될 수 있는 점을 우려해 리픽싱 하한을 지나치게 낮게(초기 전환가액의 70%) 설정하는 것을 신중히 검토하는 경우가 많다.

중요한 포인트는 메자닌 투자기관들이 주가를 쥐락펴락할 능력도 유인도 거의 없다는 것이다. 메자닌 운용사는 통상 펀드 약관과 내부 위험관리 규정상 특정 종목 주식 비중을 크게 가져갈 수 없으며, 주식 투자를 하더라도 헤지 목적의 제한적 운용에 그치는 경우가 많다. 증권사 PI도 메자닌 담당자가 주식 매매까지 담당하는 경우는 많지 않으며, 내부 통제 및 차이니즈월 제도(chinese wall: 금융사 내부에서 이해 상충 우려가 있는 부문 간 교류를 금지하는 장치)로 인해 특정 종목을 대규모로 매매하기는 쉽지 않다.

무엇보다 시세를 인위적으로 조정하는 행위는 자본시장법상 중대한 위법 행위로 형사처벌과 영업정지 위험을 수반한다. 리픽싱으로 얻는 이익 때문에 회사 전체가 흔들릴 수 있는 리스크를 감수할 유인은 거의 없다.

메자닌을 악용한 주가조작 사례가 없는 것은 아니다. 일부 재무 구조가 취약한 기업을 대상으로 메자닌 발행을 유도한 뒤 호재성 기사를 띄워 주가를 단기간 부양하고 전환 후 차익을 실현하는 구조가 반복적으로 적발돼 왔다. 다만 이런 사례는 메자닌 인수인이 대형 기관투자자라기보다 설립된 지 얼마 되지 않은 법인이나 소규모 조합(신기술사업투자조합 제외)인 경우가 많고 자금 출처가 불분명한 경우도 존재한다.

모든 메자닌 투자자가 이런 방식으로 움직이는 것은 아니며, 전통적 기관투자자의 경우 내부 통제와 평판 리스크 때문에 유사한 구조에 참여할 유인이 낮은 편이다. 투자자는 인수인의 성격, 리픽싱 조건, 발행 규모, 기업의 이익 창출력과 현금흐름 등을 종합적으로 검토할 필요가 있다.

▎나쁜 메자닌은 없다

메자닌을 활용한 범죄는 여러 유형이 있지만, 가장 흔한 것은 메자닌 발행 뒤 각종 호재성 기사를 노출해 주가를 띄운 후 전환하여 시세차익을 얻는 경우이다. 이 과정에서 개인투자자들은 큰 손실을 보고 기업은 상장폐지가 되는 경우도 비일비재하다. 세상을 시끄럽게 만들었던 라임자산운용 사태도 메자닌을 악용해 다양한 횡령을 일삼은 결과였다. 다만 라임자산운용 사태는 메자닌으로 주가조작을 한 사례라기보다 자금 유출과 부실 은폐의 통로로 메자닌을 이용한 사례에 해당한다.

사실 이런 범죄는 메자닌이 아니어도 가능하다. 제3자 배정 유상증자를 통해 대규모 자금을 유치한 것처럼 하고 납입 자금을 다시 빼돌릴 수도 있다. 그러나 굳이 메자닌을 이용하는 것은, 메자닌은 주식의 성격도 있지만 채권의 성격도 있어서, 세력들이 원하는 대로 주가가 흘러가지 않거나 감독원 및 사법 당국이 조사하기 시작하는 등 상황이 여의치 않으면 상환받을 수 있기 때문이다.

이런 종목은 금융감독원 전자공시를 유심히 보면 어렵지 않게 눈치챌 수 있다. 이런 회사들은 메자닌 발행 공시를 하면서 납입일을 2~3개월 후로 하거나, 정정 공시를 통해 납입일을 계속 미루고 그사이 여러 호재성 기사를 띄워서 주가 부양을 한다. 이런 경우 대부분 'OOOO조합'이라는 이름으로 투자자가 기재되고, 전환가와 주가 사이의 괴리를 이용하여 투자자를 모집한다.

예를 들어 전환가가 3,000원인데 주가는 이미 2~3만 원인 경우, 투자자들은 납입과 동시에 7~10배 수익을 얻는다고 생각하여 쉽게 유혹에 빠져들게 된다. 필자도 이런 사례를 여러 번 봤지만, 사모 CB나 사모 BW의 경우 발행 후 1년이 경과한 시점부터 전환 또는 행사가 가능하므로 그사이 주가가 제자리로 가거나 오히려 전환가보다 하락하는 경우도 많기 때문에 조심할 필요가 있다.

예로 K사의 사례를 살펴보자. K사의 최대주주는 2022년 9월, 회사를 매각하는 계약을 체결하고 최대주주 변경 공시를 했다. 회사를 인수한 새로운 경영진은 곧바로 CB와 BW를 각각 500억 원씩 발행하는 이사회 결의를 했다. 통상 이사회 결의를 하면 그다음 날 사채 인수계약을 체결하고 그다음 날 납입을 하지만, K사는 9월에 CB 발행 및 BW 발행 공시를 하고 12월에 납입하는 일정으로 진행했다. 그사이 사명을, 당시 뜨거운 테마였던 2차전지 소재 기업을 연상시키는 이름으로 변경하고, 주총을 소집해 정관상 사업목적에 2차전지 관련 사업을 추가했다. 즉 9월부터 12월까지 주가 형성 구간으로 활용했을 가능성이 크다.

2,000원대에서 움직이던 회사 주가는 이런 일련의 공시 이후에 급등하여, 주금 납입일에는 2만 5,600원까지 상승했다. 3,304원이었던 전환가액 대비 약 7.7배 오른 주가로 투자자들은 납입과 동시에 큰 수익을 꿈꾸었을 것이다. 회사 주가는 6만 900원까지 상승했으나, 이후 지속 하락하여 2025년 2,000원 초반대에 머물고 있다(그림 2-7 참조).

이는 메자닌 투자의 고위험 패턴을 보여주는 매우 좋은 사례다. ① 최대주주 변경 직후 대규모 메자닌 발행 ② 발행 결의 후 장기간 납입 지연 ③ 유행 테마를 연상시키는 IR ④ 정관에 기존 사업과 무관한 사업목적 추가, 이 네 가지가 동시에 나오면 의심해 볼 필요가 있다.

K사는 2026년 현재 최대주주가 다시 변경되었으며, 수차례 공시 불이행을 지적받아 불성실공시법인으로 지정되었다. 이 회사는 크지는 않지만 꾸준히 영업흑자를 지속하던 기업이었으나, 2022년 9월 최대주주 변경 이후 적자로 돌아섰다.

다른 사례로 A홀딩스라는 코스닥 시장 상장 기업이 2017년 12월 'D 개인

올라운더 투자법

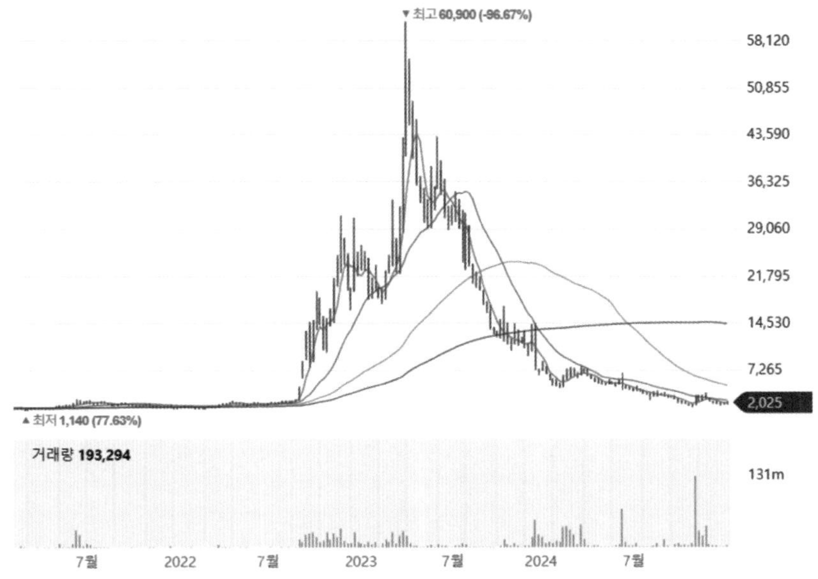

투자조합'을 인수인으로 하여 150억 원의 CB 발행 결정을 공시했다. 이 회사 발행 조건상 특이한 점은 액면가 리픽싱 조항이 있었다는 점이다. 앞에서 설명했듯이 일반적으로는 초기 전환가액의 70%까지만 리픽싱이 허용되나 정관상 규정이 있는 경우 액면가까지 리픽싱이 가능하다.

A홀딩스 CB 발행 공시는 2017년 12월이었지만, 납입일은 2018년 3월 말이었다. 처음부터 주가를 띄워 납입일까지 자금을 모집하겠다는 의도가 있었다고 의심이 가는 대목이다. 전환가액은 9,560원으로 결정되었지만, 납입일 주가는 2만 150원으로 상승해 있었다. 투자자 입장에서는 투자와 동시에 약 2배 차익이 발생했다고 생각했을 것이다. 사모 CB는 1년 후부터 전환권 행사가 가능하므로 이 CB 투자자의 전환권 행사 가능 시기는 2019년 3월 말 이후부터였다. 전환권을 행사할 수 있는 첫날 주가는 다행히도 1만 1,300원으로 전환가보다는 높았지만, 주가는 이후로 지속 하락했고

2023년 4월 945원에서 거래정지 되었다.

A홀딩스는 원래 시스템반도체 개발 기업으로 시작했으나 이후 바이오, 블록체인, AI반도체, 핀테크, 로봇 등 소위 '뜨는 업종'을 정관상 사업목적에 계속 추가해 왔다. 주식 투자자로 하여금 이 회사가 마치 신규사업을 본격적으로 시작한다고 착각하도록 만든 것이다. 주가가 요동치는 사이에 회사 공시를 믿고 투자한 많은 선량한 피해자들이 생겨났을 것으로 보인다.

이 회사는 10여 년간 상장폐지 실질심사 및 개선기간 부여, 무상감자를 통한 결손금 보전 등을 반복하면서 2025년 2월 7일 상장 유지가 결정되어 상장을 유지하고 있다.

좋은 메자닌을 선별하는 방법

앞서 보았듯 메자닌 투자에는 많은 위험이 도사리고 있다. 그러나 세상에 나쁜 메자닌은 없고, 다만 메자닌을 악용하는 사람들이 있을 뿐이다. 우리에게는 이를 볼 줄 아는 능력 함양이 필요하다. 이제부터는 개인투자자들이 불량 메자닌을 피하고 우량한 메자닌에 투자할 방법에 대해서 설명하려고 한다.

▎펀드매니저의 투자 기준

필자가 메자닌 펀드를 운용하면서 가장 중점적으로 보는 부분은 상환에 대

올라운더 투자법

한 확실성이다. 최소한 다음 세 가지 중 하나는 충족해야 투자를 고려한다.

첫째는 투자한 자금이 촉매가 되어 양(+)의 영업현금흐름을 창출하여 상환이 가능한 기업이다. 이런 기업의 메자닌 발행 목적은 주로 설비투자나 원재료 구매를 위한 운영자금 확보로, 메자닌 발행으로 조달 금리를 낮추고자 한다.

둘째는 차환이나 유상증자가 가능한 기업이다. 메자닌은 만기가 있지만 중도에 풋옵션(조기 상환 옵션)이 있는 경우가 대부분이며, 조기 상환 청구일이 해당 채권의 실질 만기라고 볼 수 있다. 투자자가 풋옵션을 행사했을 때 다시 메자닌을 발행해 상환하거나 유상증자로 자금조달이 가능한 기업에는 투자해도 된다.

이런 기업의 특징은 현재 의미 있는 영업현금흐름을 창출하지 못하지만 시가총액이 높아서 재무적으로 융통성이 있다는 것이다. 메자닌은 통상 시가총액의 10~20% 수준에서 발행하므로, 100억 원의 메자닌을 발행하는 기업이 차환으로 자금을 조달하려면 풋옵션 시기에 그 기업의 시가총액은 500~1,000억 원 수준은 되어야 한다.

셋째는 현금성 자산을 충분히 보유하고 있어서 상환 가능한 기업이다. 현금성 자산이 충분한 기업이 왜 메자닌으로 자금조달을 하는 걸까?

이런 기업은 지속적으로 적자를 내고 있으나 자본잉여금은 쌓여 있는 경우가 많은데, 바이오 기업이나 기술특례로 상장한 기업들이 이런 유형에 속한다. 이런 기업들은 본격적인 이익을 낼 때까지 지속적으로 메자닌을 발행하여 전환되도록 하여 자본잉여금을 쌓아간다. 예를 들어 1년에 50억 원의 적자를 내는 기업이 풋 2년으로 메자닌을 발행하는데 현금성 자산을 300억 원 보유하고 있다면, 이 기업은 자체 보유 현금으로 이 메자닌을 충분히 상환할 수 있다고 판단할 수 있다.

필자에게는 거의 매일 3~4건씩 메자닌 검토 의뢰가 들어온다. 그러나 모든 메자닌 딜을 진지하게 검토하는 것은 아니다. 전체 10건의 딜이 있으면 그중 투자 대상이 될 만한 딜은 1~2건이며, 이는 면밀하게 검토한다. 나머지 8~9건 중 대부분은 투자 검토 대상에서 비교적 쉽게 제외된다. 이유는 앞서 말한 것처럼 재무적으로 상환 능력이 없는 기업 외에도 경험칙으로 봤을 때 투자를 하면 안 되는 조건들이 있기 때문이다. 그런 조건들을 정리하면 크게 다음과 같다.

첫째, 최근 3년 내 최대주주가 변경된 기업(대기업이나 유관 사업을 영위하는 기업에 인수된 경우는 제외), 또는 최대주주가 조합이나 알 수 없는 단체인 경우는 일단 투자 후보에서 제외한다. 왜냐하면 메자닌을 발행하는 코스닥의 중소·중견기업들은 창업자가 최대주주인 동시에 대표이사인 경우가 대부분이기 때문이다. 이런 기업들의 특징은 주로 완제품보다는 부품을 제조하거나, IT 용역서비스가 주업인 경우가 많으며, 이를 위해서는 창업자의 기술 및 영업력이 중요한 역할을 한다. 최대주주가 떠난 회사는 핵심 경쟁력이 없다고 봐도 무방하다.

둘째, 특별한 사유 없이 기발행된 메자닌의 풋(put) 기간이 돌아오기 전에 연이어 메자닌을 발행하는 기업도 투자가 꺼려진다. 일반적으로 메자닌을 발행하고 나서 추가 발행할 때는 차환 목적이며, 그런 목적이 아닌 경우는 전환이 완료되기 전까지 추가로 메자닌 발행을 하지 않는다. 기존 발행한 메자닌이 최대한 전환될 수 있도록 오버행을 만들지 않는 것이 기업을 믿고 투자해 준 투자자에 대한 도리이기도 하기 때문이다.

메자닌을 연이어 발행하는 기업들은 M&A 목적인 경우가 많다. 또 통상 이런 기업들은 기존 영위하고 있던 사업과 연관된 기업을 인수하는 게 아니라, 전혀 다른 신규사업을 하는 기업 인수를 추진하면서 메자닌 발행을 시도한다. 이런 기업들은 신규사업 진출에 따른 리스크를 메자닌 투자자에게 전가하는 기업으로 투자자 입장에서는 굳이 참여할 이유가 없다.

셋째, 발행하는 기업의 자금 사용 목적만 살펴봐도 상당수 메자닌을 거를 수 있다. 자금 사용 목적 중 투자자 입장에서 가장 선호하는 것은 설비투자를 위한 자금이며 다음으로는 운영자금, 차환 순이다. 설비투자를 한다는 것은 기존 설비로는 감당할 수 없는 수주를 받았거나, 신규사업이 본궤도에 올랐다는 의미이다.

운용자금 사용 목적은 두 가지로 나뉜다. 첫째, 매출은 늘지 않는데 현금 창출을 하지 못해서 운영자금이 부족한 경우, 둘째 매출이 빠르게 증가해 원재료 확보를 위한 자금이 부족한 경우다. 후자라면 투자자가 선호하지만, 전자는 그 원인을 세밀하게 분석해서 지금의 위기를 넘기면 선순환 구조가 될 수 있는지를 잘 살펴봐야 한다.

마지막으로 차환은 일반적으로는 투자자들이 선호하지 않는 자금 사용 목적이다. 쉽게 표현하면 내가 투자하는 자금으로 이전 투자자를 내보내주는(exit) 상황이기 때문이다. 이런 경우는 대개 메자닌을 발행해 진행했던 사업의 진척도가 늦거나 실패했을 가능성이 높다. 따라서 차환을 통해 지체되었던 사업이 빠르게 전개될 수 있는 개연성이 있는지 살펴봐야 한다.

"같은 일을 반복하면서 다른 결과를 기대하는 것은 미친 짓이다"라는 아인슈타인의 명언처럼 실패의 원인을 외부 환경 탓으로만 돌리고 자구책 없이 차환을 통해 동일한 방식으로 사업을 진행하는 기업인지 확인해야 한다. 이런 기업에 투자하는 것은 매우 위험한 일이기 때문이다.

메자닌을 발행하고 차환한다는 것은 주식으로 전환할 수 없을 정도로 주가가 하락했다는 의미이고, 다시 메자닌을 발행할 수 있는 금액 및 투자자가 줄어들었다는 뜻이다. 따라서 해당 메자닌의 상환 능력은 낮아졌다고 판단할 수 있다.

넷째, 기존 투자자를 보면 어떤 기업인지 알 수 있다. 금융감독원 전자공시 사이트(dart.fss.or.kr/)에서 '주요사항 보고서'를 검색해 보면 해당 기업이 상장한 이래 자본시장에서 자금을 조달한 이력을 알 수 있다. 정상적인 금융기관이나 전략적 투자자(SI, strategic investor)가 아닌, 정체를 알 수 없는 개인이나 투자조합 등에서 투자를 받았던 이력이 있는 기업들은 대체로 그들의 영향을 받아 사업 방향이나 회사의 재무상태가 훼손되었을 가능성이 있다. 실사를 하기 전에는 이런 부분들에 대해 정확히 파악하기가 어려워 투자 대상에서 제외하고 있다.

물론 이런 방법으로 필자가 거른 회사 가운데 이른바 '대박 수익률'을 안긴 종목들도 있다. 그러나 이는 "고장난 시계도 하루에 두 번은 맞는" 수준이다. 메자닌 투자는 비상장기업 투자처럼 드라마틱한 수익률을 추구하는 것보다 안정적인 수익이 목적이므로 이런 리스크를 가져가지 않는 것이 중요하다.

그림 2-8. 전자공시(DART)에서 기존 투자자 확인하기

현실의 메자닌 투자

▌ 개인투자자가 메자닌에 투자하는 방법

메자닌은 '채권이면서 주식으로 바꿀 수 있는 증권'으로, 대표적인 것이 전환사채(CB)다. 개인투자자가 메자닌에 투자하는 방법은 크게 직접투자와 간접투자 두 가지 방법이 있다. 개인투자자들은 사모로 발행되는 메자닌에는 네트워크가 없어 거의 참여할 수 없다. 대신 증권사에서 주관하는 공모 메자닌 발행에 청약하는 방식으로 직접투자가 가능하다. 방법은 공모주 청약과 비슷하다.

동아에스티㈜가 2021년 8월 발행한 제8회 공모 전환사채, ㈜엔켐이 2024년 11월 발행한 제14회 공모 전환사채가 대표적인 사례이다. 투자자는 공모주 청약과 동일하게 주관 증권사 또는 인수단의 영업점이나 HTS/MTS를 통해 청약이 가능하다.

공모 메자닌 투자의 장점은 여러 가지다. 증권신고서를 제출해야 하므로 사모에 비해 비교적 정보 공개가 많고 복수의 기관에서 신용평가를 받아야 하며, 상장되면 주식처럼 매매가 가능하다는 점이 그렇다.

또 공모 CB는 사모와 마찬가지로 주가 상승 시 증권사를 통해 전환청구를 하여 주식으로 매도할 수도 있고, 채권 자체가 상장되어 거래되기 때문에 전환 절차 없이 CB 상태로 매매가 가능하다. 통상 주가가 상승하면 상장된 CB 가격에 주가 상승분이 상당 부분 반영되기 때문에 굳이 복잡한 전환 절차를 거쳐 매도하지 않아도 된다.

신용도가 좋은 기업이 발행한 메자닌의 경우 그림 2-9에서 보는 바와 같이 '전환 프리미엄'이 형성되므로, 전환해서 매도하는 것보다 오히려 유리한 상

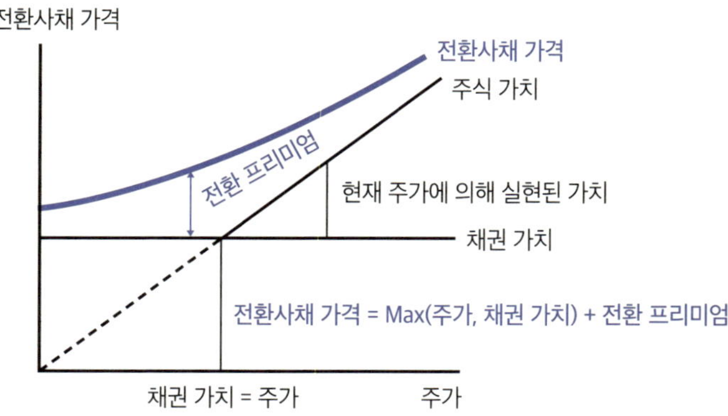

황이 되기도 한다. 현재 주가보다 CB가 저평가돼 있는 경우 해당 주식을 대차하여 매도하는 동시에 CB를 매수해 전환권을 행사하여 상환하면 이론상 리스크 없이 차익거래가 가능하다. 따라서 상장된 CB가 장기간 기초자산 가격 대비 할인되어 거래되기는 어려운 구조다.

이처럼 직접투자가 가능한 공모 CB는 많은 장점이 있지만, 실제 발행이 사모만큼 활성화되어 있지는 않다. 공모 메자닌 발행은 연간 10건 내외 진행되기 때문에 개인투자자들이 의미 있는 메자닌 투자를 하고 싶다면 간접투자가 현실적이다. 개인투자자들은 일반적으로 법인이나 기관투자자 대비 정보 및 자금력에서 열위에 있기 때문에, 주로 운용사나 자문사가 운용하는 펀드 또는 일임형(랩) 상품에 가입하는 방식으로 투자해야 한다.

메자닌 전문 운용사가 운용하는 펀드의 경우 개인적으로 가입하려면 전문투자자는 통상 1억 원, 일반 투자자는 3억 원이 최소 가입 금액이 된다. 메자닌 시장을 "기관과 고액자산가 중심 시장"이라 하고 메자닌 상품을 "부자들의 애장품"이라고 일컫는 이유다. 자문사의 일임 상품의 경우 초고액 자산가를 대상으로 하는 경우가 대부분이다.

사모 메자닌 발행은 일반 투자자 기준 49인 이내여야 하며 발행 후 1년간 권종 분할이 안 되기 때문에 건별 5~10억 원의 투자금이 필요해 오히려 운용사 펀드보다 개인투자자들이 접근하기 어려운 경우가 많다.

미국 및 유럽 증시에는 다수의 메자닌 ETF가 상장되어 있다. 그중 해외 거래소 5~6곳에 상장된 ETF도 있다. 각 ETF는 벤치마크가 있는데, 톰슨로이터나 BoA메릴린치 등이 만드는 메자닌 인덱스가 그것이다. 반면 우리나라는 아직 관련 상품이 부재한 상황이다.

▌메자닌 사모 펀드

우리나라에서 개인투자자가 현실적으로 상장사 메자닌에 투자하는 방법은 운용사들이 운용하는 펀드에 가입하는 것이다. 문제는 국내에 운용사 수가 약 450개 이상으로, 이 중 투자금을 믿고 맡길 수 있는 운용사를 선별하는 것이 관건이다.

우수한 운용사를 선택하는 방법은 펀드의 운용역이 얼마나 오랫동안 메자닌 투자를 해왔는지와 얼마나 많은 메자닌 투자 경험을 보유하고 있는지를 보는 것이다. 아울러 운용역의 해당 운용사 근무 경력이 중요하다. 메자닌 펀드의 경우 통상 만기가 3년 이상이므로 펀드 가입 중도에 운용역이 변경되면 그 펀드는 전혀 다른 펀드가 되기 때문이다.

현재는 다수 운용사들이 메자닌 전문 하우스를 표방하고 있다. 그러나 실제 누구나 투자하고 싶어 하는 우량 메자닌 딜에 접근할 수 있는 운용사는 10개 이내이며, 그중 한 펀드에서 15종목 이상의 분산 투자가 가능한 운용사는 3~4개에 불과하다.

현재 메자닌 투자는 주로 오라이언자산운용, 에이원자산운용, 수성자산운용 등이 주도하고 있고, 지브이에이자산운용, 씨스퀘어자산운용, 타이거자산운용 등이 주식 및 멀티전략과 메자닌 전략을 병행하고 있다. 이 운용사들은 대부분 2016~2017년 한국형 헤지펀드 도입 후 설립했거나 투자자문사에서 운용사로 전환한 경우로, 순수 운용사로서는 10년 이내의 업력을 보유하고 있다. 다만 해당 운용사의 매니저들은 주로 증권사 IB(Invesment Bank, 투자은행 업무)에서 메자닌 발행주관을 담당했거나, KTB자산운용(현 다올자산운용) 및 안다자산운용 등 공모 운용사에서 메자닌 투자를 담당한 인력이 대부분이다.

▌메자닌 증권 vs. 하이일드 채권

메자닌 증권은 주로 중소·중견기업들이 발행한다. 이런 기업들은 신용등급이 없는 경우가 많고, 신용평가사들의 모델에 의한 등급을 산정한다고 해도 'B' 또는 'BB'급이 대부분이다. 반면, 하이일드 펀드에서 주로 투자하는 하이일드 채권의 등급은 대부분 BBB_0 또는 BBB+이며 한진, 한진칼, 풀무원, 두산에너빌리티, AJ네트웍스 등 핵심 대기업 계열사들이 여기에 속한다. 즉 막연하게 위험하다고 생각되는 '하이일드 채권'이라는 어감과 다르게 누구나 알 만한 대기업의 핵심 계열사가 받을 수 있는 등급이다.

그렇다면 하이일드(BBB 등급) 채권의 부도율은 얼마나 될까? 금융투자업 규정(제8-19조의 9 제3항 2)에 따른 부도율 정의(원리금의 적기 상환이 이루어지지 않거나 기업회생절차·파산절차의 개시가 있는 경우)상 3년 차 평균 누적 부도율(1998~2024년 기준)은 NICE신용평가 기준으로는 1.54%이며, 한국기업평가 기준으로는 1.42%이다.

필자가 속한 오라이언자산운용㈜에서 2016년 6월부터 2025년 12월까지 투자한 상장사 메자닌 334종목 중 금융투자업 규정 정의에 해당하는 부도 종목은 총 3건이었다. 비율로 따지면 0.89%로 오히려 BBB급 채권의 부도율보다 낮다. 손실 금액을 기준으로 하면, 9.5년간 법정관리 등 이벤트 발생으로 총손실 금액이 24억 7,000만 원으로 누적 투자금액 8,301억 원을 기준으로 보면 약 0.30% 수준이다.

다른 운용사 자료는 확인할 수 없지만 앞서 언급한 메자닌 전문 운용사(오라이언자산운용, 에이원자산운용, 수성자산운용 등)들의 부도율은 대동소이할 것으로 판단된다. 그만큼 신용등급 이외의 요소들을 판단하여 운용한 결과라고 할 수 있다.

공식적인 통계는 없지만, 상장사가 발행한 전체 메자닌의 부도율을 계산하면 상당히 높은 수치가 나올 것은 의심의 여지가 없는 사실이다. 다만, 경험 있는 운용사가 투자하는 메자닌의 경우 부도율이 현저히 낮다는 것을 강조하고 싶다. 또 메자닌은 조기 상환 청구권(put), 리픽싱, 전환권 등 구조적 안전 장치가 있어서 단순하게 신용등급으로만 비교하기는 어렵다.

개인투자자에게 가장 추천하고 싶은 메자닌 상품

개인투자자가 메자닌 상품에 투자할 수 있는 가장 좋은 방법은 사모 메자닌 펀드다. 그중에서 여러 종목에 분산 투자까지 할 수 있는 운용사를 선택하여 투자할 수 있다면 가장 좋은 방법이다. 그런데 실제 상장사 메자닌에 투자하는 펀드도 다양한 형태가 있다.

메자닌에 투자하는 펀드는 1) 순수 메자닌 펀드 2) 메자닌 멀티스트래티지 펀드 3) 메자닌 코스닥벤처 펀드 이렇게 세 가지로 나눌 수 있다.

순수 메자닌 펀드

가장 전통적인 방식이다. 메자닌을 매입한 뒤 보유하다가 주가가 상승하면 전환해 매도하는 바이앤홀드(Buy & Hold) 전략을 사용한다. 기관투자자가 선호하는 유형이며 비교적 단순하고 명확한 운용 구조를 가진다. 에이원자산운용 및 라이노스자산운용 등이 대표적인 운용사이다.

다만 개인투자자에겐 세제 측면에서 다소 불리한 부분이 존재한다. 현행 제도상 펀드는 기준가에 평가이익이 반영되며, 투자자는 (청산)환매 시 해당 이익에 대해 배당소득세를 부담한다. 전환 이전의 평가이익도 과세 대상에 포함되며 직접 메자닌을 보유하는 경우와 과세 체계가 다르다. 전환 청구 후 실제 주식이 발행되어 매도하는 시점까지는 약 10영업일이 소요되는데 그사이 주가가 하락하는 경우 과표기준가는 높은데 실제 수익은 낮을 수 있다. 개인투자자 입장에서는 내지 않아도 되는 세금을 더 내게 되는 셈이어서 불만이 있을 수밖에 없다.

투자자가 직접 CB에 투자할 경우, 이표이자에는 이자소득세가 부과되지만, 상장주식 전환 후 매도 차익은 대주주가 아니라면 비과세이다. 반면 펀드를 통한 투자에서는 환매 시점에 배당소득 과세가 이루어진다. 이런 문제는 법인 투자자의 경우 제약이 없지만 개인투자자들에게는 치명적인 약점이 된다.

메자닌 멀티스트래티지 펀드

두 번째 유형은 메자닌을 기본 자산으로 하되 여기에 IPO, 블록딜, 롱숏 전략 등을 결합하는 방식이다. 단순 보유 전략이 아니라 적극적인 트레이딩을 병행하는 전략이다. GVA자산운용 및 씨스퀘어자산운용이 대표적인 운용사이다.

이 전략에서 중요한 축은 두 가지다. 첫째 변동성 활용 전략으로, 볼(Vol, volatility, 변동성)트레이딩이라고 한다. 메자닌을 보유한 상태에서 기초 주식을 공매도하거나 매수·매도를 반복하며 변동성을 활용하는 방식이다. 메자닌을 통해 전환 물량을 확보할 수 있기 때문에 숏 스퀴즈(short squeeze, 공매도 후 주가가 급상승해 높은 가격에 주식을 매수하고 상환하지 못하면 포지션을 청산해야 하는 상황) 위험을 일정 부분 완화할 수 있다는 장점이 있다. 다만 변동성이 축소되거나 대차 비용이 급등하는 경우 수익성이 크게 낮아질 수 있으며, 공매도 규제 변화도 영향을 미친다.

다음은 전환차익거래(convertible arbitrage) 전략으로, 전환 증권과 기초 주식 사이의 가격 괴리를 활용하는 방식이다. 예를 들어 주가가 상승했는데도 전환사채(CB) 가격이 충분히 반영되지 않았다면, CB를 매수하고 동시에 기초 주식을 차입해 매도하는 구조를 취할 수 있다. 이론적으로는 시장 중립적 수익을 추구하는 전략이지만, 실제로는 대차 수수료, 유동성 부족, 전환 지연, 슬리피지(slippage, 원하는 매매가와 실제 매매가의 차이), 신용 이벤트 등의 변수에 따라 기대 수익이 축소되거나 손실이 발생할 수 있다. 따라서 고도의 운용 역량이 요구된다.

메자닌 코스닥벤처 펀드: 제도 활용형 전략

세 번째 유형은 메자닌과 코스닥 IPO 제도를 결합한 전략으로, 가장 추천하고 싶은 유형이다.

코스닥벤처 펀드는 일정 비율 이상을 벤처기업(펀드 자산의 15% 이상) 및 벤처 인증 해제 후 7년 이내 기업(펀드 자산의 35% 이상)에 투자하면, 코스닥 IPO 공모주 기관 배정 물량 중 30%를 우선 배정받을 수 있다.

일반적으로 총자산의 90% 내외는 메자닌에 투자하고, 10% 이내의 자금을 공모주 투자에 활용한다. 공모주는 배정 후 단기 매도하는 경우가 많아 실제 필요 자금은 전체 펀드 금액의 3~5% 수준이면 충분하다.

중요한 점은 100억 원 규모의 펀드에서 실제 메자닌에 90% 이상을 투자하고 공모주에는 10% 이내로 투자한다고 해도 수요 예측에 참여할 때는 100억 원을 기준으로 하며, 배정 시 기준이 되는 금액도 100억 원이다. 공모주 시장에 대해 생소한 투자자의 경우 100억 원으로 수요 예측에 참여하여 10

올라운더 투자법

억 원 이상 배정받게 될 것을 우려할 수 있으나, 실제 공모주에 경험이 있는 매니저들은 주관사와 다른 기관투자자 등과 끊임없이 소통하기 때문에 과배정을 받지 않도록 수요 예측에 참여하고 있다.

펀드의 경우 운용 규모에 따라 차이는 있으나 통상 전체 자산의 3~5%를 배정받으면 과배정이라고 보고 있으며, 필자가 약 9.5년 동안 수요 예측에 참여하면서 펀드 자산의 2.0% 이상 배정을 받은 사례는 전무하다.

코스닥벤처 펀드의 장점은 메자닌 투자에 따른 안정적 수익 추구와 IPO 배정이라는 추가 수익 기회를 동시에 확보할 수 있다는 점이다. 현행 제도 중 공모주 배정을 가장 효율적으로 받을 수 있는 비히클(vehicle)로서 메자닌에 투자하면서 공모주를 덤으로 받을 수 있는 그야말로 일석이조의 펀드인 셈이다. 리스크를 제한하면서 안정적인 수익률을 추구할 수 있기 때문에 다수의 운용사들이 이런 전략을 표방하지만 실제 메자닌 분산 투자와 공모주 투자를 같이 잘할 수 있는 운용사는 제한적이다. 오라이언자산운용, 수성자산운용이 현재 가장 많은 규모의 메자닌 코스닥벤처 펀드를 운용하고 있다.

필자가 있는 오라이언자산운용의 메자닌 코스닥벤처 펀드는 2026년 2월 말 현재까지 64개 펀드를 설정했으며, 이 중 29개 펀드를 청산한 바 있다. 29개 청산펀드의 연평균 수익률은 IRR(내부수익률) 기준으로 15.75%를 기록하고 있다(표 2-8 참조). 이는 메자닌 수익률과 공모주 수익률이 어우러진 수익률로 제도상의 이점을 십분 활용한 결과라고 할 수 있다.

표 2-8. 오라이언자산운용 메자닌 (청산)코스닥벤처 펀드 수익률

펀드명	설정일	청산일	누적수익률	IRR
오라이언 코스닥벤처 제10호	2018-04-10	2021-05-10	83.44%	20.88%
오라이언 코스닥벤처 제13호	2018-04-16	2021-05-17	79.44%	19.66%
오라이언 코스닥벤처 제17호	2018-06-29	2021-07-29	88.01%	22.57%
오라이언 코스닥벤처 제23호	2018-11-28	2021-12-28	77.07%	23.44%
오라이언 코스닥벤처 제28호	2019-01-30	2023-12-15	54.32%	12.16%
오라이언 메자닌 코스닥벤처 제39호	2019-05-10	2021-04-30	49.51%	22.69%
오라이언 메자닌 코스닥벤처 제36호	2019-05-17	2022-06-17	84.98%	23.13%
오라이언 코스닥벤처 제40호	2019-12-16	2022-12-26	34.88%	10.35%
오라이언 Growth-multi 코스닥벤처 제42호	2019-12-23	2023-01-25	43.68%	12.53%
오라이언 소부장플러스 코스닥벤처 제45호	2020-06-12	2023-07-12	56.94%	15.19%
오라이언 Growth-multi 코스닥벤처 제50호	2020-07-08	2022-09-30	39.36%	15.78%
오라이언 메자닌 코스닥벤처 제48호	2020-07-22	2023-08-22	46.58%	12.08%
오라이언 명품 코스닥벤처 제43호	2020-10-29	2023-11-29	45.22%	13.59%
오라이언 명품 코스닥벤처 제51호	2020-11-06	2023-12-06	46.03%	14.52%
오라이언 명품 코스닥벤처 제58호	2021-02-03	2024-03-04	61.23%	16.16%
오라이언 명품 코스닥벤처 52호	2021-03-29	2024-03-29	41.91%	9.92%
오라이언 명품 코스닥벤처 제56호	2021-05-07	2024-06-07	32.90%	9.71%
오라이언 메자닌 코스닥벤처 제57호	2021-05-20	2024-06-20	29.85%	8.87%
오라이언 명품 코스닥벤처 제49호	2021-09-16	2024-10-16	54.36%	15.11%
오라이언 메자닌 코스닥벤처 제64호	2021-11-15	2024-12-16	18.95%	6.03%
오라이언 명품 코스닥벤처 제65호	2021-12-20	2025-01-20	27.20%	8.44%
오라이언 명품 코스닥벤처 제67호	2022-02-14	2025-03-14	51.01%	13.20%
오라이언 명품 코스닥벤처 제53호	2022-03-08	2025-04-08	50.19%	15.32%
오라이언 명품 코스닥벤처 제73호	2022-06-20	2025-06-20	42.77%	13.36%

펀드명	설정일	청산일	누적수익률	IRR
오라이언 명품 코스닥벤처 제78호	2023-06-28	2025-08-01	124.00%	74.05%
오라이언 명품 코스닥벤처 제70호	2022-07-11	2025-08-11	51.82%	12.82%
오라이언 명품 코스닥벤처 제71호	2022-07-20	2025-08-20	58.34%	17.06%
오라이언 명품 코스닥벤처 제75호	2022-08-18	2025-09-18	43.22%	13.60%
오라이언 명품 메자닌 제95호	2024-04-15	2025-11-03	12.32%	6.40%
오라이언 코스닥벤처 청산 펀드 가중 평균수익률			47.62%	15.75%

자료: 오라이언자산운용㈜

제3부

현명한 자산 증식

적립식 투자부터 채권 투자까지

제10장

주가지수 + 장기 + 적립식 투자

기업 고를 필요 없이
시장 전체에 투자한다

역사적으로 볼 때 장기간 가장 높은 수익률을 기록한 자산군은 주식이었다. 여러 국가의 100년 이상 데이터를 분석해 본 결과, 장기적으로 주식은 부동산이나 채권, 혹은 현금성 자산보다 높은 수익률을 기록했다. 물론 변동성은 더 컸지만, 시간이 길어질수록 손실 확률은 급격히 낮아졌다(표 3-1).

그러나 전업 투자자가 아닌 개인투자자가 개별 종목 투자에 쓸 수 있는 시간과 자원은 제한적이다. 특히 직장인인 경우 이들에게 투자는 생업이 아니라 수단이고, 투자에 쓸 수 있는 시간은 퇴근 후 한두 시간, 혹은 주말의 일부가 될 가능성이 크다. "이 제한된 시간으로 시장을 이길 수 있을까?"라는 의문이 들기 마련이다.

따라서 3부 1장에서는 "기업을 고르지 말고, 시장 전체에 투자하면 어떨까?"라고 제안한다. 팬데믹, 전쟁, 금리 인상 등 예측 불가능한 변수에 끊임없이 흔들리는 시장에 맞서 개인투자자가 이길 방법은 그리 많지 않기 때문이다. 적은 위험으로 안정적인 수익을 꾸준히 챙기려는 개인투자자에게 가장 먼저 주가지수와 장기 적립식 투자를 혼합한 방법을 제안하는 이유다.

본업에 충실해야 하는 직장인에게 가장 중요한 것은 '시간 대비 효율'이다. 개별 종목 투자가 위험한 이유는 산업 패러다임의 변화를 개인이 감지하기 어렵기 때문이다. 한때 세계를 호령하던 노키아, 코닥, 최근의 인텔 사례가 이를 증명한다. 실제로 하나금융연구소(2025)에 따르면 한국에서 100년을 살아남은 기업은 단 16개뿐이며, 그마저도 감자 등의 부침 없이 생존한 경우는 극히 드물다.

표 3-1. 주식 및 부동산 실질 수익률

국가	표본 전체 (1870~2015)		1950년 이후 (1950~2015)		1980년 이후 (1980~2015)	
	주식	주택	주식	주택	주식	주택
호주	7.81	6.37	7.57	8.29	8.78	7.16
벨기에	6.23	7.89	9.65	8.14	11.49	7.20
덴마크	7.22	8.10	9.33	7.04	12.57	5.14
핀란드	9.98	9.58	12.81	11.18	16.17	9.47
프랑스	3.25	6.54	6.38	10.38	11.07	6.39
독일	6.85	7.82	7.52	5.29	10.06	4.12
이탈리아	7-32	4-77	6.18	5-55	9.45	4.57
일본	6.09	6.54	6.32	6.74	5.79	3.58
네덜란드	7.09	7.28	9.41	8.53	11.90	6.41
노르웨이	5.95	8.03	7.08	9.10	11.76	9.81
포르투갈	4.37	6.31	4.70	6.01	8.34	7.15
스페인	5.46	5.21	7.11	5.83	11.00	4.62
스웨덴	7.98	8.30	11.30	8.94	15.74	9.00
스위스	6.71	5.63	8.73	5.64	10.06	6.19
영국	7.20	5.36	9.22	6.57	9.34	6.81
미국	8.39	6.03	8.75	5.62	9.09	5.66
단순평균수익률	6.60	7.25	8.24	7.46	10.68	6.42
가중평균수익률	7.04	6.69	8.13	6.34	8.98	5.39

※ **주**: 1870년~2015년까지 미국, 일본, 영국, 독일, 오스트레일리아 등 16개 선진국의 자산 유형별 연간 수익률과 그 변동성을 분석한 것. 부동산, 주식, 만기 10년 안팎의 장기국채, 단기국채 등을 대상으로 배당·이자·임대료 등과 가상의 매매차익까지 고려해 계산했고, 세금과 매매 비용 등은 포함하지 않음. 기본적으로 채권보다는 가격 변동성이 높은 주식과 부동산의 수익률이 더 높았는데, 둘 중에서는 주식이 더 높았음. 전체 기간에 대해서는 주식이 가중평균으로 연 7.04%의 수익률을 보임.

※ **자료**: 「모든 자산 수익률, 1870-2015(The Rate of Return on Everything, 1870-2015)」 샌프란시스코 연방준비은행(FRB), 2017. 12. 22쪽. Table 5.

반면 주가지수는 '국가 경제의 축소판'이자 스스로 체질을 개선하는 유기체다. 성과가 나쁜 기업은 퇴출(편출)하고 유망한 기업을 새로 편입하는 자동 구조조정 기능을 갖추고 있다. 또한 시장 폭락 시 국가적 차원의 증시 부양책이 집중되므로 가격 회복력 또한 개별 종목보다 월등히 좋다.

주가지수의 움직임이 다소 완만하다고 느껴진다면 레버리지 ETF를 고려할 수 있다. 'KODEX 레버리지(122630)'는 KOSPI200 지수 일간 변동률의 2배를 추종한다. 지수가 2% 오를 때 4%의 수익을 기대할 수 있는 이 상품은, 장기 우상향이 확실한 자산에 대해 분할 매수 효과를 극대화하는 도구가 된다. 단, 하락장의 변동성을 견딜 수 있는 멘탈과 자금력이 전제되어야 한다.

적립식 투자의 핵심은 '시간'과 '복리'다. 주가는 미래 가치를 선반영하므로 단기 변동성이 크지만, 10~20년 이상의 장기 관점에서는 매수 가격보다 매도 가격이 높아질 확률이 압도적이다. 경제 선진국의 주가지수는 장기적으로 우상향한다는 믿음이 있다면, 매매 시기를 고민할 필요 없이 돈이 생길 때마다 기계적으로 매입하는 것이 가장 효율적이다. 대학 교과목인 '투자론'에서 퇴직연금 같은 장기 자산 투자는 지수 적립식 투자를 권장하는 것도 바로 이 때문이다.

적립식 투자의 개념과 원리

▌평균 매입 단가 하락 효과(DCA)

적립식 투자는 적금처럼 자산을 꾸준히 사 모으는 것이다. 이 방식의 가

투자 시점	투자액	주가	매매 주식 수	보유 주식 수
1회	16,000	4,000	4	4
2회	16,000	2,000	8	12
3회	16,000	4,000	4	16
4회	16,000	6,000	2.67	18.7
5회	16,000	4,000	4	22.7
평균주가		4,000		
평균 매입 단가		3,529		

(단위: 원)

장 큰 장점은 주가 하락기에 빛을 발한다는 것이다. 초보 투자자는 주가가 떨어지면 공포에 질려 매수를 멈추지만, 적립식 투자자는 하락장에서 동일한 금액으로 더 많은 수량(주식 수)을 확보하게 된다. 이를 '평균 매입 단가 하락(Dollar Cost Averaging) 효과'라고 한다. 표 3-2를 통해 그 원리를 살펴보자.

표 3-2에서 보듯 주가는 제자리(4,000원)로 돌아왔을 뿐이지만, 하락장에서 더 많은 수량을 확보한 덕분에 투자자의 평균 단가는 3,529원으로 낮아졌다. 결과적으로 주가가 원점만 회복해도 투자자는 수익을 얻게 된다.

물론 적립식 투자가 만능은 아니다. 최종적으로 매도 시점의 주가가 평균 단가보다 높아야 수익이 발생한다. 즉, '장기적으로 반드시 우상향할 자산'을 골라야 하며, 개별 기업은 생존을 장담할 수 없기에 주가지수가 가장 안전하고 확실한 적립 대상이 되는 것이다.

▌적립식 투자의 심리적·전략적 장점

적립식 투자는 첫째 단순히 단가를 낮추는 수치적 이득을 넘어, 직장인에게 중요한 '투자의 규칙성'을 부여한다. 규칙이 있으면 시장의 소음에 휘둘리지 않고 80세까지도 반복 가능한 시스템을 구축할 수 있다.

둘째로, 적립식 투자는 단기 변동성에서 자유로워진다. 주가는 평균으로 회귀하려는 성질과 한 방향으로 가려는 관성이 충돌하며 끊임없이 요동친다. 평범한 투자자는 폭락장에서 '나만 모르는 악재'를 두려워해 손절하고, 폭등장에서는 '포모(FOMO)'에 휩쓸려 고점 매수를 한다. 하지만 적립식 투자자는 하락 시 '더 싸게 많이 산다'는 확신이 있으므로 군중심리에 휩쓸리지 않고 냉정함을 유지할 수 있다.

셋째로, 가격이 아닌 가치에 집중하게 한다. 십수 년간 매수할 대상을 고르는 과정은 마치 기업이 인재를 뽑는 것과 같다. 일단 뽑아놓고 교육하기보다 처음부터 좋은 인재를 선발하는 데 공을 들이는 것이 효율적이듯, 적립식 투자자는 장기 우상향이 확실한 '본질적 가치'를 지닌 자산(인덱스 등)을 찾는 데 모든 노력을 집중하게 된다.

▌적립식 투자의 현실적 난점과 극복

적립식 투자도 만능은 아니다. 가장 큰 난점은 '매도 시점의 모호함'과 '규모의 경제에 따른 효율 저하'다. 투자금이 커질수록 신규 적립액이 전체 수익률에 미치는 영향이 작아져 단가 하락 효과가 희석되기 때문이다.

해결책으로는 첫째, 개인의 생애 주기상 큰 자금이 필요한 시점에 매도하는 것이 기본이다. 둘째, 이론적으로는 GDP 대비 시가총액이나 PER,

PBR 지표가 역사적 고점에 다다랐을 때 비중을 줄이는 방법이 있으나, 이는 전문가의 영역에 가깝다. 따라서 자산 규모가 커지면 단순 적립을 넘어 '주식과 채권의 자산배분'을 통해 변동성을 관리하는 단계로 진입해야 한다. 이에 대해 좀 더 자세히 설명해 본다.

그림 3-1을 보면 적립식 투자를 오래 할수록 안정성이 높아진다는 말은 반만 맞다. 투자 초기(1~5년)에는 전체 쌓인 돈에 비해 매월 들어가는 신규 자금의 비중이 크다. 주가가 폭락할 때 이 신규 자금이 '저가 매수'를 제대로 해내며 평균 매입 단가를 획기적으로 낮춰준다. 이때는 하락장이 오히려 반가운 시기다.

하지만 10년, 15년이 지나 자산 규모가 1억, 2억으로 불어나면 상황은 완전히 바뀐다. 매월 100만 원을 부어봐야, 전체 2억 원의 평균 매입 단가에는 기별도 안 간다. 이제 내 포트폴리오의 운명은 새로 들어오는 돈이

그림 3-1. 투자 누적액에 따른 매입 단가 하락 효과와 수익률

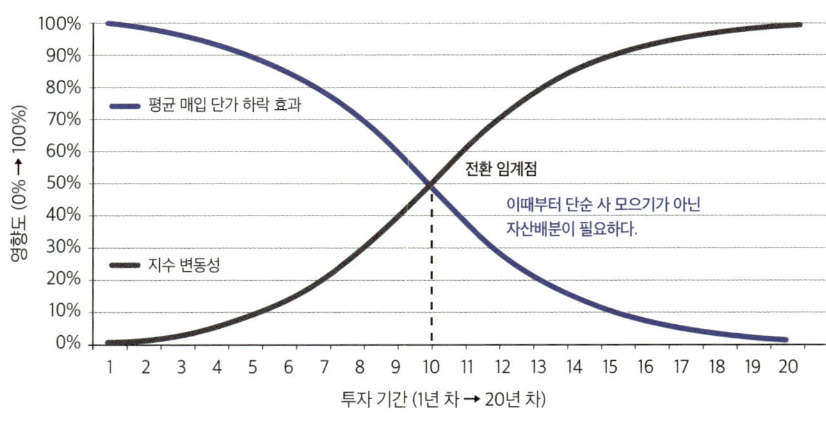

- **초기(1~5년):** 전체 자산 1,000만 원, 월 적립 100만 원. 신규 자금이 전체의 10%를 차지하므로, 주가가 떨어질 때 사면 평균 매입 단가가 크게 떨어진다(평균 매입 단가 하락 효과 극대화).
- **후기(15~20년):** 전체 자산 2억 원, 월 적립 100만 원. 신규 자금은 전체의 0.5%에 불과하다. 주가가 반토막 나도 월 100만 원으로는 평균 단가를 거의 낮추지 못한다(지수 자체 수익률이 절대적).

올라운더 투자법

아니라, 이미 쌓여 있는 2억 원이 지수 변동에 따라 어떻게 움직이느냐에 달렸다. 20년 차에 지수가 반토막 나면, 내 자산도 고스란히 반토막 난다. 평균 매입 단가 효과는 더 이상 나를 지켜주지 못한다.

이것이 바로 적립식 투자의 역설이자 난점이다. 시간이 지날수록 적립식의 무기인 매입 단가 하락 효과는 사라지고, 시장 변동성에 완전히 노출된다. 따라서 투자 누계액이 커지는 시점(그림 3-1의 교차점)부터는 단순히 사서 모으는 것이 아니라, 수익을 지키기 위해 채권 등 다른 자산과 섞어 변동성을 줄이는 자산배분형 투자로 반드시 전환해야 한다.

적립식 투자의 두 번째 난점은 "장기적으로 가격이 우상향한다는 믿음대로 과연 실천할 수 있는가?"의 문제다. 미국의 다우존스산업지수(이하 다우지수)를 예로 들어보자. 다우지수는 2026년 3월 현재 4만 8,500포인트 대이지만 2000년엔 1만 포인트에 불과했다. 게다가 1962년 초 730포인트에서 1982년 8월 770포인트라는 20년간의 횡보 구간이 있었다. 이 시기에 베트남 전쟁, 석유파동, 닉슨 대통령 사임, 일본과 유럽의 제조업에 미국이 추월되는 등 여러 일이 있었다. 미국 주식 투자자들에겐 이 구간을 버티기가 힘들 것이다(그림 3-2, 표 3-3 참조).

적립식 투자의 근본 전제인 '장기 우상향'은 역사가 증명하지만, 그 과정은 결코 평탄하지 않았다. 미국 주식시장의 황금기로 기억되는 지금과 달리, 1962년부터 1982년까지 20년 동안 다우지수는 사실상 제자리걸음이었다. 더 끔찍한 것은 이 기간이 '대 인플레이션(Great Inflation)' 시대였다는 점이다.

표 3-3에서 보듯 두 차례의 석유파동을 겪으며 물가는 매년 10% 안팎으로 폭등했다. 주가는 그대로인데 물가만 올랐으니, 주식 자산의 실질 구매력은 반토막이 난 셈이다. 20년 동안 인내하며 적립식 투자를 이어 왔는데도, 그 돈으로 살 수 있는 물건의 양이 오히려 줄어드는 가혹한 시기였다.

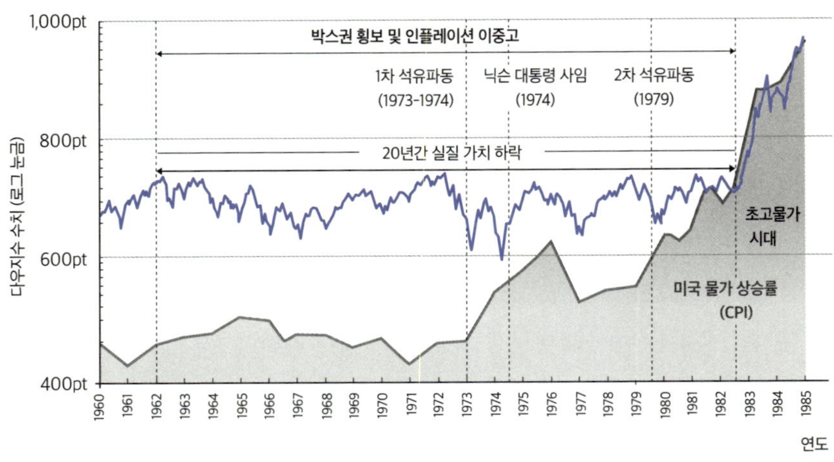

표 3-3. 다우지수 횡보 구간 주요 사건 및 경제지표

기간(연도)	주요 사건(시장 충격)	연평균 물가상승률(CPI)	특징
1962~1968	케네디 대통령 암살, 베트남 전쟁 본격화	저물가(2~3%)	주가는 박스권 상단 돌파 시도 후 실패 반복
1969~1974	1차 석유파동, 닉슨 대통령 사임, 스태그플레이션 시작	고물가(6~11%)	주가 폭락 및 실질 가치 급감
1975~1982	2차 석유파동, 폴 볼커의 초고금리 정책(금리 20%)	초고물가(9~13%)	주가 회복 시도 후 재폭락

당시를 살았던 투자자라면, "미국 경제는 끝났다" "주식의 시대는 죽었다"는 공포에 질려 적립을 멈췄을 가능성이 매우 크다.

이처럼 장기 투자는 단순한 시간의 축적이 아니라, 물가 상승이라는 보이지 않는 적과 20년 넘게 싸워 이겨야 하는 인내의 과정임을 잊지 말아야 한다.

올라운더 투자법

▌끓는 주전자의 원리

이 고통스러운 인내의 시간을 견디게 해주는 힘은 결국 "시장은 반드시 우상향한다"는 확고한 예측 가능성에서 나온다. 개별 종목과 주가지수의 관계는 끓는 주전자에 비유할 수 있다. 주전자에 열을 가할 때 바닥의 어느 지점에서 첫 번째 물거품이 솟아오를지 맞히기는 불가능에 가깝다. 하지만 충분한 에너지가 가해지면 결국 물은 100도에 달해 전체가 팔팔 끓게 된다.

주가지수 투자도 이와 같다. 개별 종목들이 제각기 어디로 튈지 예측하는 것은 도박에 가깝지만, 국가 경제라는 거대한 에너지가 투입되는 한 시장 전체는 결국 우상향이라는 '끓는점'을 향해 나아간다. 종목별로 서로 다른 방향의 움직임은 지수 안에서 상쇄되고, 전체적인 경제 성장 추세만 남기 때문이다. 바로 이 '끓는 주전자의 원리'가 직장인 투자자가 개별 종목의 소음에서 벗어나 주가지수라는 본질에 집중해야 하는 이유이다.

금융투자 실행 가이드

▌투자 금액 설정: '2의 법칙'과 가처분 소득

개인이 금융상품에 투자해야 할 금액은 인생 목표, 재무 목표에 따라 미래 특정 시기에 소요될 금액을 정해 현재 시기로 역산해 구할 수 있다. 투자 금액을 정하기 어렵다면 가처분 소득의 절반을 주식에 투자해 보라.

한 가지 일(직업)로 소득을 얻던 사람이 두 가지 일까지는 하더라도 세 가지 일은 하기 어렵다. 절약하라고 할 때, 원래 쓰던 것의 절반만 쓰던 것은 어렵게라도 해내는데, 3분의 1로 줄이는 것은 어렵다. 건설 공학에는 "대강 어림잡아 구하고 2를 곱하면 대개는 안전측에 들어온다"라는 우스갯소리가 있다. 2나 2분의 1은 상세한 자료를 구하거나 복잡한 계산을 못 할 때 활용하는 좋은 계수이다. 편의상 이를 '2의 법칙'이라고 기억하자.

주식 투자금으로 가처분 소득의 절반을 쓰라고 할 때 팍팍함이 느껴진다면 비중을 조절하라. 그러나 "부자가 되겠다"는 목표가 있다면 2분의 1은 도전해 볼만한 수치다. 공학의 안전계수처럼 2라는 숫자는 단순하지만 강력한 기준이 된다.

▌적립식 대상의 확장: 부동산과 비트코인

적립식 투자는 '장기 우상향'과 '큰 변동성'을 갖춘 자산이면 어디든 적용할 수 있다. 주식 외 이런 자산에는 인구 밀도가 높고 경제가 성장하는 국가의 도시 중심지 부동산(특히 토지)이 해당한다.

다만, 부동산은 아쉽게도 주식처럼 지분형 거래가 되지 않고 인덱스가 만들어지기 힘들어, 아직은 적립식 투자 대상으로는 어렵다. 중심지 토지 가격과 연동되는 ETF 등이 나타나면 투자해 볼만하다. 디지털 화폐로서의 지위를 굳혀가는 비트코인 등도 인플레이션 헤지 수단으로서 적립식 투자의 유의미한 대상이 될 수 있다.

올라운더 투자법

▌투자 학원비와 관찰자의 태도

투자를 시작할 때는 '학원비'를 낸다는 마음가짐이 필요하다. 연소득의 5% 정도를 투자 학원비로 정하고 시장에 참여해 보라. 이 금액은 폭락장과 폭등장을 경험하며 자신만의 원칙을 세우는 데 필요한 교육비다. 연소득이 4,000만 원이면, 200만 원 정도의 주식 투자는 냉철함을 잃지 않고 관찰자로서 주식시장에 참여할 수 있는 규모가 된다.

매우 적극적인 투자자는 투자 학원비를 총투자액이 아닌 '손실 인내 금액'으로 정하기도 한다. 주식 투자에서는 미실현 손실을 포함해 포트폴리오 전체로는 연 20% 정도를 손실 한도로 두는데, 이 경우 손실 인내 금액의 5배가 투자 총액이 되는 것이다. 연소득 4,000만 원인 사람이 5%인 200만 원을 손실 인내 금액으로 가정한다면, 투자 원금은 1,000만 원이 된다.

중요한 것은 관찰자 입장을 유지하는 것이다. 수익이나 손실에 일희일비하지 않고 냉정하게 원인을 기록해야 한다. 관찰이 흐트러졌다면 투자 금액이 본인의 그릇보다 너무 크거나 관리 소홀이 원인이다. 직장인은 본업에 지장을 주지 않는 범위(주 3시간, 월 6시간 이내)에서 포트폴리오를 점검하며 냉철한 관찰자로 남아야 한다. 일별로는 종목별 가격과 손익을 적는 정도가 적당하다. 물론 배우는 동안에는 일주일에 10시간 이상씩 공부하기를 권한다.

제11장

자산배분형 투자:
'키우기'에서 '지키기'로

자산에도 '생애 주기'가 있다

주가지수 적립식 투자가 강력한 무기인 것은 사실이지만, 자산이 커질수록 위험 관리의 필요성도 커진다. 수억 원의 전 재산이 주식에만 묶여 있다면, 은퇴 직전 폭락장이 왔을 때 대처할 방법이 없기 때문이다. 따라서 투자는 나이에 따라 다음 두 단계 전략이 필요하다.

- 자산 형성기(20~30대): 주식 비중 100%. 손실이 나도 근로 소득과 '시간'이라는 자원으로 만회할 수 있는 시기다.
- 자산 관리기(40대 이후): 주식과 안정적 자산(채권 등)을 섞는 자산배분형 투자가 필요하다. 체력과 지력이 떨어지는 시기에는 소득으로 투자 손실을 메꾸는 것이 불가능해지기 때문이다.

그럼 자산배분은 언제 시작해야 할까? 대략적인 기준점은 금융자산이 2억 원이 될 때다. 종잣돈이 너무 적을 때는 자산을 키우는 속도가 중요하므로 주식 비중을 높게 유지해야 하지만, 2억 원 정도의 목돈이 마련되었다면 이때부터는 '변동성'을 줄이는 관리에 들어가야 한다.

자산배분형 투자를 하게 되면, 최초에는 적정 배분 비율을 구하기 어려우니, 대략 금액을 절반씩 나누어 적극적 투자와 안정적 투자를 하면 된다(40대라면 적극적 투자 비율을 60% 정도를 권하기도 한다). 재산이 2억 원이 되면 절반인 1억 원을 주식형에 투자하고, 남은 1억 원을 채권에 투자하는 식이다(이는 대출을 끼고 내 집 마련을 한 40대 가장을 기준으로 한 현실적인 수치이다).

좀 더 구체적으로 이야기해 보자. 4인 가구를 기준으로 기준중위소득(국민기초생활보장법 제2조 제11호에 따름. 개념상 4인 가구 소득의 순서상 중간에 해당함)의 4년 정도의 값을 금융자산액의 목표로 해볼 수 있다. 그러면 4년간의 소득 합은 5,729,913원 × 12개월 × 4년 = 2억 7,500만 원이다(참고로 2억 7,500만 원은 대략 월 200만 원씩 연 7%로 8.5년간 복리로 적립하면 모이는 돈이다).

여기서 4년은 임의로 정한 값이다. 한국의 2023년 1인당 GDP가 4,405만 원인데, 4인 가구의 2년간 값이면 3억 5,200만 원이다. 가족들이 2년간 쓸 정도의 돈을 금융자산으로 갖고 있다면 적정한 수준으로 볼 수 있고, 이 금액이 커 보이면 그 3분의 2인 2억 원 정도를 목표로 하면 된다. 2억 원부터는 금융자산의 규모가 어느 정도 갖춰진 것이니 이때부터 자산배분형 투자로 들어가면 된다.

가장 쉬운 해법: TDF 전략

자산배분 비율을 직접 정하기 어렵다면 TDF(Target Date Fund) 개념을 활용해 보자. TDF는 사회 초년생으로서 급여를 받기 시작하는 시점(대략 30대)부터 은퇴 시점(65~70세, 이것이 target date가 된다)까지 적극적 투자(주식형)와 안정적 투자(채권) 비중을 조정해 주는 펀드다. 은퇴 시점(target date)에 맞춰 알아서 주식과 채권 비중을 조절해 준다.

젊을 때는 비행기가 높이 날듯 주식 비중을 높이고, 은퇴가 가까워지면 글라이더가 착륙하듯 부드럽게 채권 비중을 높이는 방식으로, 이런 방식을 글라이드 패스(Glide Path)라고 한다(그림 3-3). 그림 3-4는 미래에셋 연금저축 펀드 TDF에서 글라이드 패스 사례다.

TDF의 가장 직관적인 공식은 '100 - 나이'(%)로 적극적 투자 비중을 계산하는 것이다. 이는 적극적 투자의 비중이 나이에 따라 직선적으로 감소하는 방식으로, 예를 들어 40세라면 자산의 60%를 주식에, 40%를 채권에 투자하는 식이다(그림 3-5 참조).

적극적 투자(주식) 비중 = 100 - 현재 나이(%)

그림 3-3. TDF가 나타나는 형태

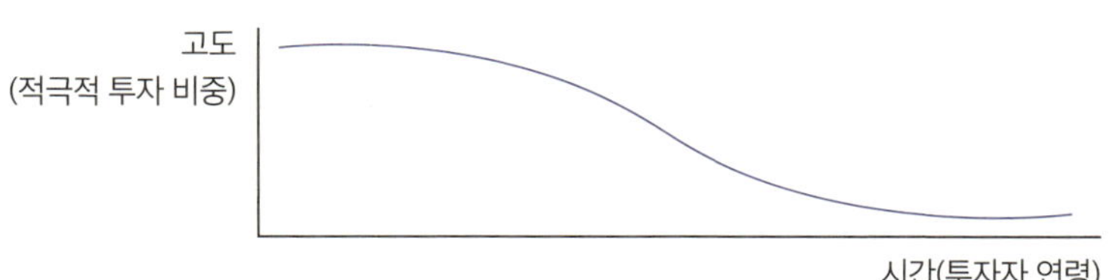

무동력 비행기인 글라이더의 하강 경로처럼 TDF도 코사인곡선 형태를 띤다.

그림 3-4. 글라이드 패스: 미래에셋 연금저축펀드 TDF

주식/채권 비중

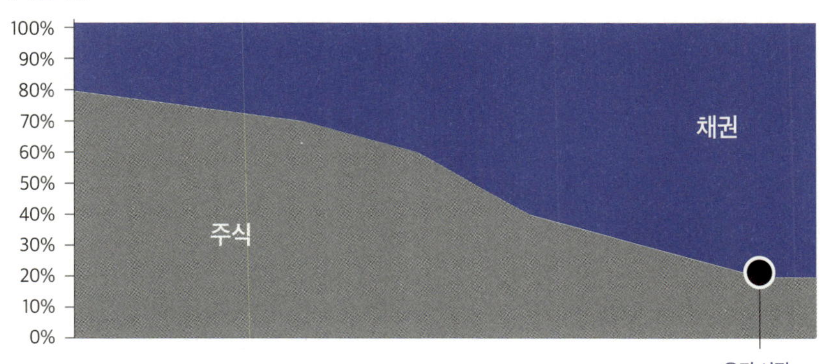

자료: 미래에셋자산운용 블로그

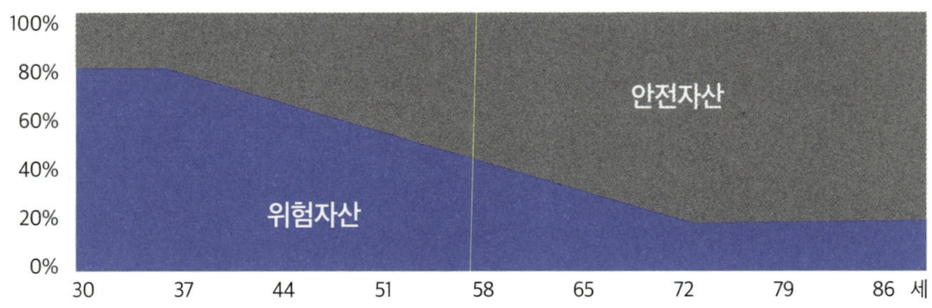

시장이 흔들릴 때의 대응: 리밸런싱

자산배분의 진짜 묘미는 주가가 급등하거나 급락할 때 나타난다. 45세 투자자(목표 비중, 주식 55%)의 사례를 들어보겠다. 주가가 급등했을 때 주식 비중이 65%로 커졌다면, 초과분(10%)만큼 주식을 팔아 채권을 산다. 비쌀 때 수익을 실현하는 효과가 있다. 주가가 폭락했을 때 주식 비중이 30%로 줄었다면, 채권을 팔아 주식을 더 산다. 쌀 때 우량 자산을 매집하는 '저가 매수'가 자동으로 이루어진다.

이처럼 정해진 비율에 맞춰 자산을 재조정(리밸런싱)하는 것만으로도, 감정에 휘둘리지 않고 '비쌀 때 팔고 쌀 때 사는' 투자의 정석을 실천할 수 있다.

이번엔 자산액을 기준으로 구체적으로 살펴보자. 가령 45세에 3억 원의 금융자산액이 있다면 55%인 1억 6,500만 원은 주가지수 적립식 투자로,

시간과 등락 구분		45세(시작)	45세 만료 (주가 상승 시)	45세 만료 (주가 하락 시)
목표 비중	적극 자산	55%	54%	54%
	안정 자산	45%	46%	46%
자산 총액(원)		3억	4억	2억
조정 전 금액	적극 자산	1.65억	2.6억	0.6억
	안정 자산	1.35억	1.4억	1.4억
조정 내용		없음	적극 자산이 비중 초과로 0.44억 원 팔아 안정 자산 매수	적극 자산이 비중 미달이며 안정 자산을 0.48억 원 팔아 적극 자산 매수
조정 후 금액 (비중)	적극 자산		2.16억 원(54%)	1.08억 원(54%)
	안정 자산		1.84억 원(46%)	0.92억 원(46%)

45%인 1억 3,500만 원은 안정형 자산(대표적인 것이 채권)으로 구성한다. 1년 이 지나 46세(표 3-4에서는 45세 기간 만료 시기로 표현) 때 주가가 급등하고 자산 총액이 4억 원이 되었는데, 주식 2억 6,000만 원(65%), 채권 1억 4,000만 원(35%)이라고 하자. 주식의 적정 비중은 54%(4억 원에 대해서는 2억 1,600만 원에 해당)이므로 2억 6,000만 원에서 4,400만 원의 주식을 팔아 채권을 사서, 주식은 2억 1,600만 원, 채권은 1억 8,400만 원(4억 원의 46%)으로 맞추 는 것이다.

반대로 주가가 급락해 자산 총액이 2억 원이 되었다고 하자. 주식은 6,000만 원(2억 원의 30%), 채권은 1억 4,000만 원(2억 원의 70%)이라고 하면, 주식 비중이 목표값인 54%(2억 원에 대해 1억 800만 원)에 비해 낮으므로 4,800 만 원(= 1.08억 - 0.6억 원)의 채권을 팔아서 주식을 사게 된다. 그러면 주식은 1억 800만 원, 채권은 9,200만 원(2억 원의 46%)으로 맞추는 것이다.

안정적 투자와 적극적 투자

▌내 자산의 버팀목, 채권형 펀드

자산이 커질수록 '지키는 투자'가 중요하다. 금융투자액이 약 2억 원을 넘어가면 자산배분형 투자를 한다고 앞서 말한 바와 같다. 자산배분형 투자 방식을 크게 안정적 투자와 적극적 투자로 구분해 보자. 먼저 안정적 투자를 간단히 살펴보고, 적극적 투자가 어떻게 주가지수 적립식 투자와 연결되는지 살펴본다.

안정적 투자는 대개 채권형 펀드로 하게 되는데, 이는 기간 초에 매수하면 기간 말까지 보유하고서 나이에 따른 목표 비중에 맞춰 매매하는 조정을 하게 된다. 나이를 기준으로 하면 1년마다 조정한다. 채권은 정해진 이자와 원금을 받는 금융상품이므로, 주식보다 변동성이 작고 예측이 가능하다.

채권형 펀드를 선택할 때는 과거 수익률보다 만기(듀레이션)를 보아야 한다. 10년 뒤에 쓸 돈이라면 장기채 펀드를, 언제 쓸지 모르는 돈이라면 중기채 펀드를 선택한다. 당장 1년 안에 써야 할 생활비라면 초단기채 펀드가 유리하다.

수익 목표는 대략 저축은행의 1년 예금 금리(2025년 기준 약 3% 내외)보다 좀 더 높은 수준을 목표로 하되 언제든 현금화할 수 있는 유동성을 최우선으로 해야 한다. 자산 규모가 크고 전문투자자 자격이 있다면, 안정성과 추가 수익(IPO 공모주 참여 등)을 동시에 노리는 전략 상품을 고려해 볼 수 있다.

▎ 월급날의 약속, 주가지수 적립식 투자

적극적 투자는 주가지수 적립식 방식으로 실행한다. 월급을 받는 직장인이라면 매달 일정액을 투입하는 것이 핵심이다. 40대 맞벌이 부부라면 지출을 점검해 급여의 10% 정도는 미래를 위한 지수 ETF에 우선 배정할 것을 권한다.

언제 살까? 요일로는 통계적으로 사람의 활동력이 떨어지고 시장의 에너지가 다소 차분해지는 매월 세 번째 목요일을, 하루 중 시간으로는 장 마감 전 가장 낮은 가격이 많이 나타나는 오후 2시 30분 전후를 매수 시점으로 추천한다.

표 3-4에 나온 45세 가장의 예로 살펴본다. 45세 때 그는 자산이 3억 원으로 그중 주가지수 ETF가 1억 6,500만 원, 채권형 펀드가 1억 3,500만이다. 채권은 건드리지 않고, 매월 세 번째 목요일 오후 2시 30분에 주가지수 ETF를 월정액으로 매수한다. 그러다가 연말(12월)에 계좌를 열어 비중을 확인한다. 주가가 올라 주식 비중이 55%를 넘었다면 일부를 팔아 채권을 채우고, 반대라면 채권을 팔아 주식을 보충한다.

이 방식에 익숙해졌다면 다음과 같은 질문들을 통해 투자의 깊이를 더할 수 있다.

- 미국 대형주(S&P 500)뿐만 아니라 소형주(러셀 2000)나 나스닥 지수를 섞어볼까?
- 주가지수가 과하게 폭락했을 때만 가동하는 '특별 추가 적립' 규칙을 만들어볼까?
- 60대 은퇴 후에는 채권 대신 배당주나 리츠(부동산 월세 소득)로 안정적 자산을 채워볼까?

수십 년간 이 원칙을 지킨 투자자는 은퇴쯤 이미 전문 펀드매니저 수준의 통찰을 갖게 될 것이다. 이제 일반 직장인을 넘어 국가대표 투자자인 '연기금'은 어떻게 큰돈을 굴리는지 그들의 이론적 배경을 살펴보겠다.

연기금처럼 투자하라:
흔들리지 않는 부의 시스템

개인투자자는 흔히 '어떤 종목이 오를까'라는 기술적 고민에 빠지지만, 수조 원을 굴리는 국가 연기금이나 대학 기금의 고민은 다르다. 그들은 투자자의 조건, 즉 '나 자신(기금의 원천)을 아는 것'에서 투자를 시작한다. 노벨 경제학상 수상자 윌리엄 샤프(W. Sharpe)가 설명한 기관투자자의 '자산운용 과정(Investment Management Process)'을 통해 직장인이 배워야 할 부의 설계도를 살펴본다.

▌투자의 성패를 좌우하는 자산배분 전략

연구에 따르면 투자 성과를 결정짓는 요인 중 종목 선택이나 매수 타이밍의 영향은 10% 미만이다. 나머지 91%는 '어떤 자산군(주식, 채권 등)에 돈을 얼마나 분배했는가'에 달렸다. 종목 분석에 밤을 지새우기보다, 자산배분의 큰 틀을 짜는 데 에너지를 집중해야 하는 이유이다.

'전략'으로 틀을 짜고 '전술'로 대응해야 한다. 전쟁에서 전략이 승리의

올라운더 투자법

큰 그림이라면 전술은 현장의 변화에 대응하는 기술이다. 투자도 마찬가지다. 전략적 자산배분(SAA, Strategic Asset Allocation)과 전술적 자산배분(TAA, Tactical Asset Allocation)을 모두 갖추고 적절히 활용해야 한다.

- 전략적 자산배분(SAA, 장기 설계도): 자신의 나이, 재산 상태, 미래의 소득과 지출을 고려해 주식과 채권의 목표 비중(예: 60 대 40)을 정하는 것이다. 이는 보통 경제 주기와 맞물려 5년 이상의 장기 계획으로 수립된다.
- 전술적 자산배분(TAA, 단기 대응): 시장은 늘 변한다. 주가가 급등해 내 주식 비중이 목표보다 커졌다면 일부를 팔아 채권을 사고, 반대로 폭락했다면 채권을 팔아 주식을 보충한다. 1년이나 분기 단위로 행하는 이런 '리밸런싱'이 투자의 안정성을 지켜준다.

▌기관투자자의 '자산운용 과정' 따라하기

투자는 '나(투자자)'와 '시장'의 조건을 끊임없이 맞춰가는 과정이다. 기관투자자의 투자 프로세스도 이 두 가지 흐름을 가지고 '최적의 조합'을 찾아가는 과정이다(그림 3-6 참조).

그림 3-6에서 오른쪽은 투자자인 '나'를 분석하는 흐름이고, 왼쪽은 자본시장을 분석하는 흐름이다. 기관투자자의 자산운용은 이 두 흐름이 만나 서로의 퍼즐 조각을 맞춰가는 과정이다. 개인투자자가 이 방식을 적용하면 다음과 같다.

먼저 우측에 있는 '나'를 분석하는 방식이다.

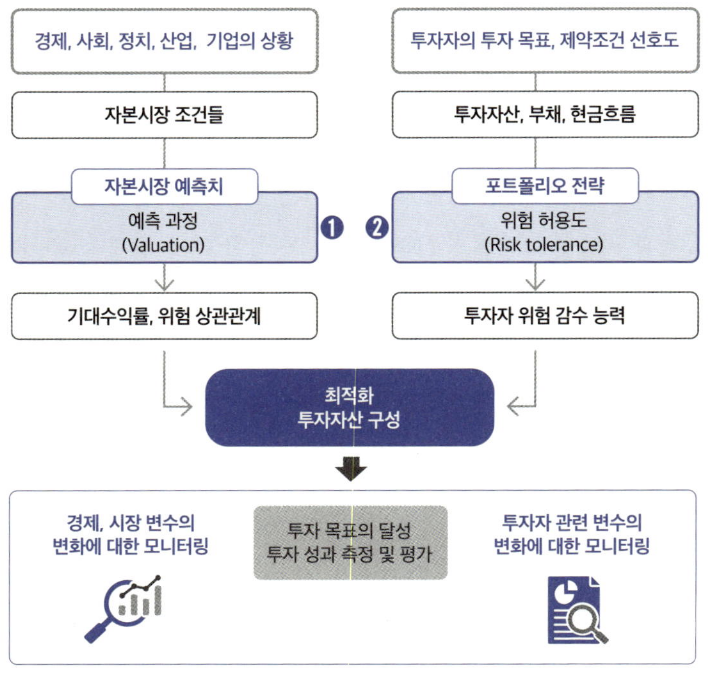

1. 나의 형편 점검(투자자 조건 분석): 가장 먼저 내 재산 상태, 앞으로 들어올 소득과 나갈 지출(자녀 교육비, 주택 대출 등)의 시기와 규모를 파악한다. 이것이 바로 나의 재무 목표가 된다.

2. 얼마나 벌어야 하는가?(요구수익률 산출): 재무 목표를 달성하기 위해 필요한 금융투자 수익률을 구한다.

3. 얼마나 견딜 수 있는가?(위험 허용도 및 감수 능력): 나이, 재산 상태, 개인적 성향 등을 종합해 투자 기간 중 발생할 수 있는 손실을 심리적, 경제적으로 얼마나 감당할 수 있는지 판단한다.

다음으로, 내가 돈을 벌 수 있는 시장의 조건을 분석한다.

1. 자본시장 조건 분석: 정치, 경제, 사회적 환경(호경기/불경기, 고금리/저금리 등)을 분석하고 미래를 예측해 본다.
2. 자산별 성적 예측: 주식, 채권 등 각 자산군이 앞으로 어느 정도의 수익을 줄지(기대수익률), 위험과 변동성은 어느 정도일지 구해 본다.
3. 상관계수 분석: 주가가 떨어질 때 가격이 오르거나 최소한 덜 떨어지는 자산(예: 채권)이 무엇인지, 자산 간의 상관계수를 살핀다. 이는 하락장의 충격을 흡수해 주는 핵심이다.

끝으로 최적의 퍼즐을 맞추는 과정이다. 나의 조건과 시장의 기회를 맞추어 최적의 조합을 찾아내는 과정이다.

1. 목표 비중 결정(전략적 자산배분): 나의 위험 허용도 이내에서 요구수익률을 달성할 수 있도록, 주식과 채권의 목표 비율(예: 60 대 40)을 정한다.
2. 실행 및 관리(전술적 자산배분, 모니터링): 정해진 비율에 따라 투자를 시작하고, 시간이 흘러 주가가 오르거나 내려 비중이 바뀌면 원래 비율로 되돌리는 '리밸런싱'을 주기적으로 수행한다.
3. 결과 평가: 1년 또는 경제 주기(4~5년) 단위로 성과를 평가하고, 나의 바뀐 형편과 시장 상황을 반영해 다시 처음부터 이 과정을 반복한다.

이 같은 자산운용의 구체적 내용을 연기금의 관점과 직장인의 관점을 비교해 표 3-5에 정리했다.

표 3-5. 연기금 vs. 개인 자산운용 방식

구분	연기금의 관점	직장인의 적용
투자자 조건 파악 (나를 알기)	연금 지급 시기와 액수 분석	은퇴 시기, 자녀 교육비 등 목돈 소요 시기 점검
자본시장 조건 파악 (시장을 알기)	경기, 금리 전망 및 자산 간 상관관계 분석	호경기/불경기 여부와 인플레이션 흐름 파악
최적화(실행)	기대수익 대비 위험이 가장 낮은 조합 구성	'100-나이' 법칙 등을 활용한 주식 : 채권 비중 결정
성과 평가	예측 논리 검증 및 포트폴리오 개선	투자 기록을 통한 자기 객관화 및 원칙 재정립

▮ '평균 회귀'와 '추세' 사이의 지혜

개인투자자의 전술적 조정은 주로 '평균 회귀'를 이용해 비싸진 것을 팔고 싸진 것을 산다. 반면 기관투자자는 때로 큰 기술 혁신이나 체제 변화 같은 '추세(trend)'를 읽는다. 단기적으로는 목표 비중을 유지하며 '평균 회귀'의 이점을 취하지만, AI 열풍처럼 세상의 판도가 바뀌는 큰 추세가 포착될 때는 장기적인 '전략적 자산배분' 자체를 수정하는 유연함이 필요하다.

자본시장에서 시장 평균보다 높은 수익을 내는 것은 전문가에게도 어려운 일이다. 따라서 수익률에만 집착하기보다, 우리가 직접 통제할 수 있는 투자자 조건, 그중에서도 특히 지출 계획을 개선하는 데 집중해야 한다. 핵심은 목돈 유출을 막는 것이다. 투자는 장기로 이어질수록 기대수익률이 높아진다. 하지만 갑작스러운 목돈 지출로 알짜 자산을 매도하게 되면 복리의 마법은 깨지고 만다.

장기 대출을 활용하는 것도 좋은 예다. 주택 구입 시 일시불 대신 50년 장기 대출을 활용하면, 잘 짜인 포트폴리오를 유지하면서 월 소득 범위 내

　　　　　　　　　　　　　　　　　　　올라운더 투자법

에서 상환할 수 있다. 방어 역할로 보험을 활용하는 방법도 있다. 평소 적은 금액을 보험에 적립해 두면, 예기치 못한 사고나 질병 시 투자자산을 깨지 않고도 목돈 문제를 해결할 수 있다.

덧붙여 관계의 리스크 관리도 필요할 것이다. 최근 늘어나는 '황혼 이혼'은 은퇴만큼이나 경제적으로 치명적이다. 가정을 지키는 노력이 곧 투자자산을 지키는 가장 강력한 방어책이 될 수 있다.

제12장

적립식 투자의 진화:
기본적 분석과의 결합

단순한 적립을 넘어 더 높은 목표를 가진 투자자라면 다음과 같은 개선이 필요하다. 단순히 정해진 날짜에 기계적으로 매수하는 적립식 투자를 넘어, 기업의 내재가치를 평가하는 기본적 분석(fundamental analysis)을 결합하면 투자 효율을 한 단계 높일 수 있다. 핵심은 '쌀 때 더 많이 사고, 비쌀 때 덜 사는' 유연함에 있다. 이를 위해 주가지수나 기업의 가치를 판단하는 기준을 세워야 한다.

지수 평가 지표(PBR, PER) 활용

주가지수에 투자할 때 가장 명확한 가치 척도는 주가순자산배수(PBR, price to book value ratio)와 주가수익비율(PER, price earning ratio)이다. 이 척도를 활용해 저평가 구간에서 매수량을 늘린다. 예를 들어 코스피의 역사적 PBR 평균이 1배라면, PBR이 0.9배 이하로 떨어질 때 월 적립금을 평소의 1.5~2배로 늘리는 방식이다. 반면 PER이 과거 평균의 상단에 도달하여 거품이 우려될 때는 신규 적립을 멈추거나, 적립금을 현금(자산배분용 채권 등)으로 쌓아두며 다음 기회를 기다린다.

▍가치 변화에 따른 '변동 적립식' 전략

이 전략은 기본적 분석을 통해 구한 내재가치와 현재 가격의 괴리율을 이용해 매수 금액을 조절하는 방법이다. 기업이나 국가 경제의 펀더멘털이 우상향하고 있는지 확인하여, 만약 이익은 늘어나는데 주가가 떨어지고 있다면 이는 기본적 분석상 '강력한 매수 신호'가 된다.

다음으로 안전마진(margin of safety)이 확보되었는지를 확인한다. 안전마진이란 쉽게 말해 '예상치 못한 실수나 타격에 대비한 보호장치'를 뜻한다. 투자자 입장에서는 내재가치보다 가격이 쌀 때가 안전마진이 확보된 것이다. 따라서 기본적 분석을 통해 도출된 적정 가치보다 현재 주가가 낮다면 안전마진이 확보된 것으로 보고 집중적으로 수량을 확보해 장기 수익률의 기반을 다진다.

▎ 산업 패러다임과 '추세' 분석

앞서 언급한 연기금의 전술적 자산배분처럼, 큰 흐름의 변화를 읽는 안목을 더한다. 적립식 투자의 대상인 주가지수나 산업이 여전히 성장 동력을 갖고 있는지 주기적으로 점검한다. 예를 들어, 과거 스마트폰 혁명이나 현재의 AI 혁명처럼 산업 구조가 근본적으로 변할 때는 '쌀 때 산다'는 전략을 넘어 비중 자체를 확대하는 전략이 필요하다. 또 수치화된 재무제표 외에도 경영진의 역량, 시장 지배력, 규제 환경 등을 관찰해 '장기 보유할 가치가 있는 자산'인지 재확인한다.

많은 투자자가 하락장에서 적립을 포기하는 이유는 '확신'이 없기 때문이다. 주가가 폭락할 때 "이 주가지수의 기초 체력(기업들의 이익 합계)은 여전한가?"라는 질문에 기본적 분석으로 답할 수 있는 근거를 마련하라는 소리다. 그래야 공포에 팔지 않고 오히려 저가 매수의 기회로 삼을 수 있다.

또 과거 위기 회복 속도와 현재 기업들의 현금 보유 능력을 비교 분석해 시장이 정상화되었을 때의 목표 수익률을 사전에 설정해 둔다.

올라운더 투자법

더 높은 수익을 위한 개선 전략

이번에는 "쌀 때 더 많이 사고, 비쌀 때 덜 사거나 판다"는 원리를 극대화하는 전략을 알아보자. 마이클 에들슨(Michael E. Edleson)의 밸류 에버리징(VA, value averaging) 기법과 한국 투자자 라오어의 밸류 리밸런싱(VR, value rebalancing) 기법을 차례로 소개한다.

▌마이클 에들슨의 밸류 에버리징(VA)

밸류 에버리징(VA) 전략을 창안한 마이클 에들슨(Michael E. Edleson)은 하버드대 교수와 나스닥 수석 경제학자를 거쳐, 세계적 헤지펀드 시타델(Citadel)의 리스크 관리자를 지낸 인물이다. 시장의 심리를 배제하고 오직 데이터와 시스템으로 승부하는 그의 철학이 이 VA 기법에 고스란히 녹아있다.

VA의 핵심은 매월 투자액 합계, 즉 '계좌의 잔고 목표치'를 정해두는 것이다. 예를 들어 이번 달 잔고 목표가 200만 원인데 주가가 떨어져 180만 원뿐이라면, 원래 사려던 10만 원에 부족분 20만 원을 더해 총 30만 원어치를 산다. 반대로 주가가 급등해 잔고가 250만 원이 되었다면, 주식을 팔아 목표치인 200만 원으로 맞추고 남은 돈은 현금화한다.

이 기법의 장점은 하락장에서 매수량을 폭발적으로 늘려 반등 시 수익을 극대화한다는 것이다. 다만 주가가 계속 오를 때 너무 일찍 팔게 되어 우상향의 이득을 온전히 누리지 못할 수 있으며, 폭락 시 추가로 투입할 '비상금'이 반드시 필요하게 된다.

구분	1월(900원)	3월(500원/폭락)	4월(1,000원/반등)	결과(총자산)
단순 적립 (DCA)	10만 원 매수	10만 원 매수	10만 원 매수	약 53.6만 원
밸류 에버리징 (VA)	10만 원 매수	17.5만 원 매수 (부족분 충당)	30만 원 매도 (수익 확정)	약 61.3만 원

주가가 900원 → 500원(폭락) → 1,000원(급반등)으로 움직일 때를 가정해 VA 방식과 단순 적립식(DCA) 방식을 비교해 표 3-6에 정리했다.

표 3-6에 나타난 것처럼 VA 방식은 3월 주가 폭락 시기에 DCA보다 훨씬 많은 주식 수를 확보했다. 따라서 4월 주가 반등 시 자산가치가 비약적으로 상승했다. 그러나 앞서 말한 것처럼 DCA 방식의 근본 가정인 '장기적으로 우상향하는 주가'의 수혜를, VA 방식은 온전히 누리지 못한다는 점은 문제다.

이를 개선할 아이디어로, VA의 목표치를 1년마다 새롭게 갱신하는 것이다. 5년, 10년 등 장기로 VA를 하면 주가가 투자 원금보다 멀리 달아나 버려서 주식을 추가 매수할 기회가 없어진다. 하지만 예를 들어, 매년 1월에 투자 목표를 다시 설정하면 이 문제가 해결된다.

1년 동안 VA로 알뜰하게 저가 매수와 고가 매도를 반복한 다음 새해가 되면 이미 높아진 주가 수준을 새로운 기준으로 삼아 다시 1개월 차 목표부터 시작한다. 이렇게 하면 주가가 계속 올라가더라도 투자자는 매년 높아진 주가 층계 위에서 다시 VA를 시작하게 되고, 상승하는 시장을 뒤처지지 않고 따라갈 수 있다.

▌ 라오어의 밸류 리밸런싱(VR)

라오어(필명)는 한국의 개인투자자로 VA의 단점인 잦은 매매, 상승장 조기 매도를 보완한 개선안으로 밸류 리밸런싱(VR) 기법을 제안했다. 그는 통계적인 백테스트를 바탕으로 개인투자자가 기계적으로 따라 할 수 있는 '수학적 시스템 투자'를 강조하는 시스템 투자 전문가이자, 『라오어의 미국주식 무한매수법』 등을 쓴 베스트셀러 작가이기도 하다. VR의 핵심은 '밴드(Band) 도입'과 '승수(Multiplier)'를 활용한 상승장 대응법이다.

- 밴드 도입: 잔고가 목표치보다 조금 높거나 낮다고 바로 매매하지 않는다. 예를 들어 목표치의 80% 이하로 떨어질 때만 추가 매수하고, 125% 이상으로 치솟을 때만 매도해 불필요한 거래 비용을 줄인다.
- 상승장 대응: 주가 상승 시 매도 기준을 상향 조정하는 '승수'를 활용하여, 우량 자산이 우상향할 때 너무 빨리 팔아버리는 실수를 방지한다.

VR이 어떻게 VA의 문제를 해결했는지, 그 핵심 장치인 승수와 밴드를 중심으로 살펴보자. 첫 번째 승수(Multiplier)는 한마디로 상승장의 수익을 끝까지 끌고 가는 힘이라 할 수 있다. VA의 가장 큰 문제는 주가가 목표치보다 조금만 올라도 기계적으로 팔아치워 버린다는 것이었다. 라오어의 VR은 여기에 '투자 적극도(승수)'라는 개념을 도입해 매도 기준선을 위로 대폭 끌어올렸다.

에들슨의 VA가 "내 목표는 100만 원이야. 주가가 올라서 120만 원이 됐네? 20만 원어치 당장 팔아!"라고 한다면, 라오어의 VR은 "목표는 100만 원이지만, 주가가 우상향할 것을 믿으니까 승수(예: 1.5배)를 곱할게. 내 매도 기준은 이제 150만 원이야. 아직 120만 원이니까 팔지 말고 더 들고 가자!"

구분	밸류 에버리징(VA)	밸류 리밸런싱(VR)
매도 기준	고정된 목표액(보수적)	승수를 곱한 목표액(공격적)
매매 빈도	잔고 변화 시마다(잦음)	밴드 이탈 시에만(적절함)
상승장 대응	조기 매도로 수익 제한 가능성	승수를 통해 상승 이익 극대화
투자 성향	원칙 중심의 안정형	수익 추구형 적극 투자자

라고 한다.

이처럼 승수를 활용하면 주가가 오를 때 성급하게 수익을 확정 짓지 않고, 상승 추세의 이익을 더 길게 누릴 수 있다.

다음으로 '밴드(Band)'는 불필요한 잔매매를 막는 방어막이다. VA는 잔고가 목표치와 단 1원만 차이가 나도 사고팔아야 한다. 수수료와 세금, 그리고 무엇보다 투자자의 에너지가 낭비되는 부작용이 있다. 이런 문제를 해결하기 위해 VR은 여기에 '밴드'라는 안전구역을 설정한다. 즉 목표가 주변에 일정한 범위를 두는 것이다.

매수 밴드를 설정해 실제 자산이 목표의 80% 이하로 떨어질 때만 '추가 매수'를 실행한다. 매도 밴드를 설정해 실제 자산이 목표의 125% 이상으로 치솟을 때만 '일부 매도'를 실행한다. 이처럼 VR을 접목하면 잦은 매매로 인한 거래 비용을 줄이고, 투자자가 시장의 소음에서 벗어나 본업에 집중할 수 있게 된다.

▌결론: 나에게 맞는 옷을 입으라

개선된 투자법들이 수익률은 더 높을 수 있지만 실행의 고통도 작지 않다. 모두가 절망하는 폭락장에서 남은 현금을 털어 추가 매수하는 것은 강인한 정신력이 필요한 일이다. 또 자산이 수억 원대로 커지면 하루 10%의 변동성에도 직장 생활이 흔들릴 수 있다.

따라서 투자의 단계별 전략이 중요하다. 자산 형성기에는 단순 적립식(DCA)이나 VA/VR을 통해 종잣돈을 빠르게 키운다. 금융자산이 약 2억 7,000만 원(4인 가구 중위소득 4년 치)을 넘어서면, 수익률보다 안정성을 중시하는 자산배분형 투자로 전환하여 투자 지속성을 확보해야 한다.

또 라오어의 VR은 VA라는 고전적인 엔진에 '상승장에선 더 버티고(승수)' '사소한 변화엔 흔들리지 않는(밴드)' 최신형 내비게이션을 단 격이다.

그러나 주의할 점도 있다. 승수를 높여 매도 기준을 올린다는 것은, 그만큼 하락장이 왔을 때 감당해야 할 변동성(내 계좌의 마이너스 폭)도 커진다는 뜻이다. 그래서 이 방식은 폭락장에서도 내 생활비를 줄여 주식을 더 살 수 있는 아주 단단한 멘탈을 가진 적극적 투자자에게 어울리는 옷이다.

제13장

기본적 분석을 가미한 저가 분할 매수 전략

적립식 투자의 가장 큰 장점은 '저가 분할 매수'가 시스템적으로 이루어진다는 것이다. 하지만 주가가 오를 때는 너도나도 장밋빛 미래를 말하며 매수를 권하고, 정작 주가가 폭락할 때는 공포에 질려 매수를 멈추는 것이 인간의 본성이다. 2026년 코스피가 5,000포인트, 6,000포인트를 넘으며 고공 행진할 때를 떠올려보자.

주변에서 "주식을 사서 돈 벌었다"는 소리가 계속 들리니 주식을 사지 않으면 바보가 될 것 같아 더욱 주식을 산다.

주가가 하락할 때의 매수는 정말 어렵다. 이론적으로는 주식이 저평가될수록 매수하는 게 맞지만 "지금은 불경기이니 주가는 더 떨어질 것이다. 하락은 이제 시작일 뿐이다"라는 소리를 듣고도 주식을 매수하기가 결코 쉽지 않다.

전문가들은 그 해결책으로 기술적 분석과 기본적 분석을 결합하는 방식을 사용한다. 기술적 분석이란 과거의 주가나 거래량 흐름을 보고 현재 가격이 역사적으로 어느 위치에 있는지를 파악해 향후 방향을 예측하는 분석 도구다. 반면 기본적 분석은 기업의 매출, 이익, 자산 등 기업의 내재가치를 분석해 현재 주가가 그 가치에 비해 싼지 비싼지를 따져보는 분석 도구다.

기술적·기본적 지표의 결합: 이격도와 PBR

▌기술적 지표: 이동평균선 이격도(이격률)

이동평균선이란 과거 일정 기간의 평균 가격을 말한다. '이격도'는 현재 주가가 이 평균선에서 얼마나 떨어져 있는지를 백분율로 나타낸 지표로, 현재 가격이 평균에서 얼마나 멀어졌는지(과열 혹은 침체)를 보여주며 '이격률'이라고도 한다. 이격도(이격률) 계산식은 다음과 같다.

이격도(이격률) = (현재 주가 ÷ 20일 이동평균값) × 100

가령 코스피의 20일 이격도가 95% 이하로 떨어졌다는 것은, 한 달 평균 가격보다 주가가 5% 이상 급락했음을 뜻한다. 지수 차원에서 이 정도 수치는 1년에 몇 번 오지 않는 '바닥권 신호'다

▌기본적 지표: 주가순자산배수(PBR)

기업이 그동안 쌓아놓은 재산만으로 기업을 평가하는 방식이 PBR이다. 기업의 시가총액으로 그 기업을 살 수 있다고 보면 기업이 갖고 있는 땅, 건물, 장비, 원자재 등을 팔면 얼마나 이익이 될지를 PBR로 계산해 볼 수 있다.

기업의 재산(순자산)은, 갖고 있는 모든 것(자산 총계)에서 빚(부채 총계)을 뺀 것이며, 재무 용어로는 자본 총계라고 한다. 자본 총계는 회계적인 장부가치(book value)라고도 한다. PBR은 기업이 가진 재산(자본 총계)에 비해 시가총액이 몇 배인지 나타내는 지표로, 회사가 가진 돈 대비 주가가 얼마나 싼지를 측정한다.

어떤 기업의 시가총액이 장부가치보다도 낮아진다면 개념상으로는, 그 기업의 모든 주식을 사서 100% 소유주가 된 뒤, 갖고 있는 자산을 다 팔면 이익이 남게 된다. 이런 이유로 PBR은 1 이하로 내려가기 힘들다. 즉 PBR

1배는 회사를 당장 청산했을 때 남는 가치와 주가가 같다는 뜻이다. 그런데 너무 경영을 못 하거나, 사양 업종인 경우에는 PBR이 1 밑으로 내려가기도 한다. 갑자기 주가가 폭락해 시가총액이 낮아져 PBR이 1 이하로 내려가기도 하는데, 당연히 시간이 지나면 원상 복구된다.

한국거래소의 유가증권시장에 상장된 모든 기업에 대해 장부가치 총합 대비 시가총액 총합의 비율을 계산한 것이 코스피 PBR이다. 개별 기업의 PBR이 1 밑으로 잘 내려가지 않듯이 코스피 PBR도 원래는 1 아래로는 잘 내려가지 않아야 하는데 여러 가지 이유로 가끔 1 이하로 내려간다.

한국 기업은 선진국 기업치고는 배당을 적게 주어 주식 보유 가치가 낮은 편이어서 전반적으로 주가가 낮게 형성되어 있고, 외부 경제 환경 악화나 투자 심리가 약해질 때 주가가 급락하는 경향이 있어서, PBR이 1 아래인 경우가 상당하다. 그래서 증권사 리서치 센터에서는 PBR 0.9 정도를 바닥권으로 보기도 한다. PBR 1과 0.9는 차이가 작은 것 같지만, PBR 1이 코스피 3,000포인트라면, PBR 0.9는 코스피 2,700포인트에 해당하므로 상당히 큰 차이가 있다.

실전 투자: 지수 급락 시 분할 매수법

이격도와 PBR이라는 두 지표를 함께 보면 매수 시점을 더 명확하게 판단할 수 있다. PBR이 낮을수록(기업 자산가치에 비해 주가가 쌀수록) 더 적극적으로 매수하는 전략이다. 예를 들어 PBR이 낮다면 이격도(이격률)가 조금만 하락해도, 시장이 저평가 상태라고 판단하고 매수할 수 있다. PBR이 높다면 이격도가 충분히 하락해야만 저평가 상태라고 볼 것이다.

예를 들어 코스피가 2,800포인트라고 가정해 보자. PBR이 1이라면 이격률이 95% 이하로 떨어질 때 매수한다. 반대로 PBR이 2라면 이격률이 90% 이하로 더 크게 떨어졌을 때 매수한다. 이런 기준을 적용하면 대략 1~1.5년에 한 번 정도 매수 기회가 생긴다. 저가 분할 매수에서는 한 번에 모든 금액을 투자하지 않는다. 처음에는 투자 가능 금액의 절반만 매수한다. 이후 주가지수가 3% 하락하거나 또는 100포인트 떨어질 때마다 전체 투자금의 10%씩 추가 매수한다.

PBR이 1일 때 코스피의 적정 수준이 약 2,800포인트라고 가정하자. 어느 날 코스피가 3,000포인트 대에서 급락해 2,790포인트가 되었고 이격률도 95% 아래로 떨어졌다고 해보자. 투자 가능 금액이 총 1억 원이라면, 먼저 주가지수 ETF를 5,000만 원어치를 매수한다. 이후 코스피가 2,690포인트일 때 추가로 1,000만 원어치를 매수하고, 더 하락하면 2,590포인트일 때 추가로 1,000만 원어치를 매수한다. 이후 코스피가 상승해 평균 매입 단가 대비 목표한 수익률(예를 들어 8%)에 도달하면 전량 매도한다. 펀드 운용에서는 8%도 충분히 의미 있는 수익률이다. 투자금이 10억 원이라면 8,000만 원의 수익이 된다.

실제 매매 대상은 주가지수를 그대로 추종하는 ETF보다는 레버리지 ETF를 사용하는 것이 좋다. 과거 주가지수 자료로 시뮬레이션해 보면 위 방식은 코스피 단기 급락 시에 매수하는 방식이다 보니, 한두 달 내에 매도하게 되므로 레버리지 ETF의 단점(주가지수 횡보기에 레버리지 ETF 가격이 하락하는 것)이 별로 문제되지 않는다.

코스피와 비슷하게 움직이는 대표적인 지수로 코스피200이 있다. 코스피200은 시가총액 상위 200개 기업으로 구성된 지수다. 이 지수의 일일 등락률을 두 배로 추종하도록 설계된 ETF를 사용해 매매할 수 있다. 매매 유

  올라운더 투자법

동성까지 감안하면 삼성자산운용의 KODEX 레버리지 ETF(122630)를 쓴다. 이렇게 레버리지 ETF를 쓴다면, 하락 시 추가 매수 기법까지 감안해 목표 수익률을 8%로 하면 과거 시뮬레이션상으로는 성공 확률이 높은 투자법이 된다.

다만 이는 매우 안정적인 방법이다 보니 매매 기회가 매우 드물게 나온다. 이를 개선하려면 같은 PBR 조건에서 조금 덜 하락했을 때도 매수 신호가 나오도록 이격률 수준을 높일 수 있다. 또는 PBR 외에 PER, 배당수익률 등 다른 기본적 분석 지표를 추가하는 방법도 쓸 수 있다. 또 이렇게 매수 신호가 좀 더 자주 나오게 한다면, 반대로 목표 수익률을 좀 더 작게 잡는 것이 안전하다.

▌ 보조 자료: 시뮬레이션 결과

앞에서 설명한 두 지표(PBR과 이격률)를 이용한 투자 방법이 실제로 어떻게 작동하는지 확인하기 위해 간단한 시뮬레이션을 해보았다. 시뮬레이션 기간은 2010년 2월부터 2024년 9월 9일까지이며, 코스피와 코스닥을 모두 사용했다. 매수 신호가 코스피에서 발생하면 KODEX 레버리지 ETF를 매매하고, 코스닥에서 발생하면 KODEX 코스닥150 레버리지 ETF를 매매하는 것으로 가정했다. 다만 두 시장을 동시에 투자하지는 않는다. 예를 들어 코스닥에서 급락이 발생해 이미 투자 중이라면, 그 투자금을 회수하기 전에는 코스피에서 새로운 급락 신호가 발생하더라도 추가로 투자하지 않는 방식이다. 예를 하나 들어보자.

표 3-8에서 2011년 9월 23일 코스닥에서 급락이 발생해 투자가 이루어졌다. 이 투자는 11영업일 뒤인 2011년 10월 10일에 매도돼 종료되었다. 하

지만 그사이인 2011년 9월 26일 코스피에서도 급락 신호가 발생했다. 이미 코스닥 투자 포지션이 유지되고 있었기 때문에 이 기회에는 투자하지 못한 것으로 처리했다. 이 기준으로 계산해 보면 15년 동안 총 19번의 투자 기회가 발생했다. 이는 연평균 1.3회에 해당한다. 투자 후 회수까지 걸린 기간은 평균 25.3영업일이었다. 중위값은 10일, 최대 113일, 최소 2일이었다.

표 3-8의 투자 시점을 그림 3-7의 주가 차트에 표시했다. 그림에서 두꺼운 동그라미는 실제로 투자가 이루어진 경우를, 얇은 동그라미는 매수 신호는 발생했지만 기존 투자 때문에 실행하지 못한 경우를 의미한다.

지금까지는 이격률과 PBR을 결합한 매수 전략을 개념적으로 설명했다. 하지만 실제 시뮬레이션에서는 몇 가지 세부 조정이 필요했다. 먼저 PBR과 이격률의 관계를 단순한 직선이 아니라 곡선 형태로 설정했다. 이렇게 하면 PBR 수준에 따라 매수 기준이 조금 더 현실적으로 조정된다. 이를 위해 PBR과 이격률의 기준이 되는 세 가지 조합을 가정했다. 코스피의 경우 다음과 같은 값들을 사용했다.

- {0.8, 0.95}
- {1.0, 0.94}
- {1.4, 0.90}

코스닥의 경우는 다음 값을 사용했다.

- {0.8, 0.95}
- {1.4, 0.94}
- {2.0, 0.90}

표 3-8. 코스피·코스닥 급락 시 분할 매수 시뮬레이션(2010~2024)

연도		2010	2011					2012			2013	2014	2015		2016	2017
코스피 급락	발생일				8. 19		9. 26		5. 18		6. 24			8. 24		
	회수 시기				7일째		투자 지속		투자 지속		14일째			투자 지속		
코스닥 급락	발생일	5. 20	5. 23	8. 9		9. 2		4. 9	5.18	7. 25	6. 24		8. 21		2.12	
	회수 시기	9일째	7일째	6일째		11일째		113일째	투자 지속	투자 지속			19일째		3일째	

연도		2018		2019		2020		2021	2022				2023		2024	
코스피 급락	발생일	10. 11	10. 23		8. 5	2. 27		1. 27	6. 15		9. 26		10. 26	8. 5		
	회수 시기		66일째		투자 지속	66일째		3일째	44일째		25일째		8일째	2일째		
코스닥 급락	발생일	10. 11		7. 29			3. 2			6. 21		9. 27			8. 6	9. 9
	회수 시기	2일째		51일째			투자 지속			투자 지속		투자 지속			투자 지속	미정

그림 3-7. 지수 급락 시 매수 신호: 코스피, 코스닥 차트 이격률

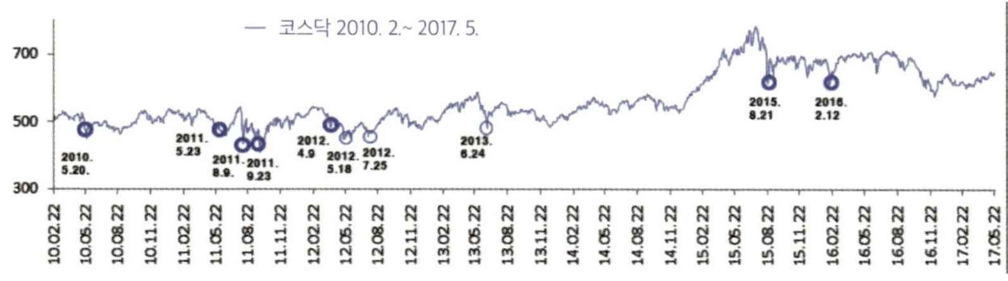

이 값들을 기준으로 곡선을 만들고, 실제 이격률이 이 기준보다 더 낮아질 때 매수를 시작하도록 했다.

▌ 추가 필터의 필요성

시뮬레이션을 진행하면서 한 가지 문제가 발견되었다. 주가지수가 급등한 뒤 급락하는 경우, 이격률이 크게 낮아지더라도 실제로는 아직 저가라고 보기 어려운 상황이 있었다. 원래는 PBR이 이런 경우를 걸러줘야 하지만 실제로는 충분하지 못했다. 그래서 추가적인 필터를 더 적용했다. 예를 들어 다음과 같은 조건을 사용했다.

- 최근 3년 동안 코스피 최고 값이 최저 값의 두 배 이상인 경우를 '폭등 구간'으로 본다.
- 이런 상황에서는 주가지수가 충분히 하락할 때까지 기다린다.
- 즉, 최근 지수가 3년 최고 값의 80% 이하로 떨어졌을 때만 투자하도록 했다.

이 필터를 적용하면 급등 이후의 일시적인 조정 국면에서 성급하게 매수하는 일을 줄일 수 있다.

분할 매수 방식에도 여러 선택지가 있다. 이 전략에서는 매수 신호 자체가 드물게 나타나기 때문에 신호가 발생하면 상당히 저가 구간일 가능성이 높다고 보았다. 그래서 최초 매수 비중을 일반적인 50%보다 높은 60%로 설정했다. 매수 신호는 코스피나 코스닥에서 발생하지만, 실제 매매는 레버리지 ETF의 가격을 기준으로 진행한다. 예를 들어 다음과 같은 방식으로

올라운더 투자법

분할 매수를 한다.

먼저 투자 가능 금액을 6 : 1 : 1 : 2의 비율로 나눈다. 이어서 다음과 같이 한다.

- 매수 신호가 발생한 날의 종가(또는 장중 2시 30분 기준)에 60%를 먼저 매수한다.
- 동시에 평균 매입 단가의 1.08배 가격에 매도 주문을 미리 걸어둔다.

추가 하락에 대비한 매수 주문도 다음과 같이 미리 설정한다.

- 최초 매수 가격의 0.9배에서 전체 자금의 10%
- 최초 매수 가격의 0.8배에서 10%
- 최초 매수 가격의 0.7배에서 20%

추가 매수가 발생하면 평균 매입 단가가 바뀌기 때문에 매도 주문 가격도 새로운 평균 매입 단가의 1.08배로 다시 조정한다.

개선된 투자 방법

앞에서 설명한 투자 방식은 여러 가지로 개선할 수 있다. 먼저 매수 신호의 기준을 조정하는 방법이 있다. 예를 들어 코스피 20일 이격률 95%를 기준으로 하면 매수 기회가 너무 드물 수 있다. 이 경우 기준을 96%처럼 조금 높게 설정하거나, 종가가 아니라 장중 저가가 95% 아래로 내려갈 때를 매수 신호로 활용할 수도 있다. 이처럼 비교적 이른 시점에 매수한다면 매도 목표 수익률은 조금 낮게 잡는 것이 좋다. 예를 들어 목표 수익률을 8% 대신 6% 정도로 설정하면 투자금 회수 기간을 크게 늘리지 않으면서 전략을 유지할 수 있다.

기본적 분석 지표도 PBR만 사용할 필요는 없다. PER, 배당수익률 등 다른 지표를 함께 활용할 수 있다. 다만 PBR을 기준으로 사용한 이유는 증권사 리서치에서 주가지수의 바닥 수준을 설명할 때 가장 많이 사용하는 지표이기 때문이다.

주가지수의 저점은 보통 다음과 같은 여러 지표를 함께 고려해 판단한다.

- 기업 자본 총계
- 이자율(채권 수익률)
- 배당수익률 대비 주가 수준
- GDP 대비 주식시장 총액 비율

시장의 수급 상황을 살펴보는 것도 도움이 된다. 예를 들어 외국인의 지속적인 매도로 지수가 하락했다면 외국인의 한국 주식 보유 비중을 확인할 수 있다. 국내 기관이 시장을 주도했다며 그동안의 누적 매도 규모를 분석하기도 한다.

지금까지 기술적 분석과 기본적 분석을 함께 활용하여 가격이 충분히 낮아졌을 때 분할 매수하는 방법을 살펴봤다. 아무런 분석 없이 "주식은 장기적으로 오른다"는 믿음만으로 계속 매수하는 것은 바람직한 투자 방식이 아니다. 좋은 자산이라도 현재 가격이 충분히 낮은지 확인한 뒤 투자하는 것이 좋다. 이런 저가 분할 매수 전략을 실제 펀드 운용에 적용한 대표적인

올라운더 투자법

사례가 스마트인베스터(Smart Investor)다.

스마트인베스터 투자 시스템

▎ 개발 배경

스마트인베스터는 2000년대 초 LG투자증권의 직원이었던 조영호가 개
발한 분할 매수 시스템이다. 이후 우리자산운용, 키움투자자산운용, NH-아
문디자산운용 등 여러 자산운용사에서 펀드 운용 방식으로 활용되었다. 이
전략이 등장한 배경에는 적립식 투자 개념의 확산이 있었다.

2000년대 초반 투자자들은 적립식 투자에서 평균 매입 단가를 낮추는
효과(DCA, Dollar Cost Averaging)를 알게 되었고, 증권사들도 이를 활용한 다
양한 상품을 판매했다. 제일투자증권의 '정기적립식 투자플랜(RSP, Regular
Savings Plan)', 대한투자신탁증권의 '스마트플랜 엄브렐러펀드', 현대투자신
탁증권의 '드림☆투자적금', 한국투자신탁증권의 '부자아빠펀드', 굿모닝신
한증권의 '신한세이프세이빙 주식펀드', 조흥은행의 'BEST 모아모아적립
식 펀드' 등이 그런 상품이었다. 적립식임을 강조하여 '모아' '적금' '적립식
플랜' '스마트플랜' 같은 낱말과 "주식으로 돈을 모아 부자 아빠가 된다" "꿈
(Dream)을 이룬다" 등의 문구를 유행처럼 사용했다.

그러나 단순 적립식 투자에는 한계가 있었다. 가격이 오르든 내리든 같은 금액을 계속 투자하기 때문이다. 스마트인베스터는 이 단점을 보완한 전략이다. 핵심 아이디어는 매우 단순하다. 가격이 내려갈수록 더 많이 사고, 가격이 올라갈수록 적게 산다. 즉 일정한 날짜에 매수하는 것이 아니라 특정 가격 구간에서 분할 매수하도록 설계된 시스템이다.

예를 들어 코스피가 일정 구간(예: 100포인트) 움직일 때마다 다음과 같이 매매한다.

- 지수가 상승하면 투자금의 2% 매수
- 지수가 하락하면 투자금의 3% 매수

이 전략이 실제 투자에 활용될 수 있었던 건 ETF의 등장 덕분이었다. 2002년 삼성투신운용은 국내 최초의 ETF인 KODEX200을 출시했다. 덕분에 투자자들은 개별 종목이 아니라 주가지수 자체에 투자할 수 있게 되었다. 스마트인베스터 전략도 주로 주가지수 ETF를 대상으로 적용되었다.

스마트인베스터는 가격이 낮아질수록 매수 금액을 늘리기 때문에 평균 매입 단가가 빠르게 낮아지는 장점이 있다. 또 가격이 높을 때는 적은 금액만 투자하므로 투자 효율도 높다. 반면 시장이 지속적으로 상승하는 경우에는 단순 매수 후 보유 전략보다 수익률이 낮을 수 있다. 그러나 주가지수는 개별 종목처럼 수십 배 상승하는 경우가 드물기 때문에 큰 문제는 되지 않았다.

펀드 운용으로 발전

조영호는 이 전략을 시뮬레이션한 뒤 프로그램으로 구현했고 2008년에 특허를 취득했다. 이후 이 시스템은 펀드 운용 방식으로 발전하여 2010년 '우리 스마트인베스터 자산배분 펀드'로 처음 판매되었다. 이 펀드는 일정 수익률에 도달하면 주식을 매도하고 채권형 자산으로 전환하는 목표 수익률 전환형 구조였다. 이후 여러 자산운용사가 비슷한 전략의 펀드를 출시하면서 스마트인베스터 방식은 널리 확산되었다.

예를 들어 코스피200 ETF 기반 펀드, 레버리지 ETF 활용 펀드, 코스닥 ETF 기반 펀드, 해외 지수 ETF 기반 펀드 등 다양한 형태로 발전했다.

시장 상황과 전략의 성과

스마트인베스터 전략의 성과는 시장 환경에 크게 영향을 받는다. 특히 다음과 같은 경우에 유리하다.

- 주가지수가 저점 근처에서 시작할 때
- 시작 후 약간 더 하락한 뒤 상승 추세로 전환될 때

예를 들어 2024년 8월 5일 국내 증시 급락(코스피 10.81% 폭락. 최저점 2,387 포인트) 이후 시장이 빠르게 반등하면서 이 전략은 비교적 좋은 성과를 낼 수 있었다. 2024년 8월 5일 키움투자자산운용이 출시한 '키움K-반도체 ETF Smart Investor 목표전환형'이 그 사례다. 이 상품은 초기에 주식 30%를 매수하고, 상승 방향 밴드에서는 2%씩 추가 매수하며, 하락 방향 밴드에서는

3%씩 매수하는 방식이다. 그리하여 펀드 수익률이 4%가 되면 리밸런싱하여 주식을 팔아 비중을 30%로 맞춘다. 펀드 수익률이 8%가 되면 채권형으로 전환한다.

스마트인베스터 사례는 개인투자자에게 한 가지 중요한 사실을 보여준다. 분할 매수 전략은 시장이 충분히 낮을 때 시작할수록 효과가 크다는 점이다.

펀드에서는 안정성을 고려해 초기 주식 비중을 약 30% 수준으로 시작하는 경우가 많다. 그러나 개인투자자는 좀 더 적극적인 전략을 사용할 수도 있다. 예를 들어 초기 매수 비중을 60% 정도로 설정하고 이후 분할 매수를 진행하는 방식도 고려할 수 있다.

앞에서 설명한 이격률과 PBR을 결합한 투자 방법도 같은 원리를 이용한 전략이다. 따라서 개인투자자도 이런 지표를 활용하면 유사한 방식으로 투자할 수 있다.

제14장

주가가 오를수록 더 투자하는 전략: CPPI

투자 전략은 크게 두 가지로 나눌 수 있다. 가격이 하락할 때 매수를 늘리는 전략과, 가격이 상승할 때 투자를 확대하는 전략이다. 앞에서는 첫 번째 방식을 살펴보았고, 이제 두 번째 전략을 살펴보자.

이 방식은 단순히 "투자 기간이 끝날 때 주가가 오르기를 기다리는 전략"이 아니라, 목표 수익률을 좀 더 안정적으로 달성하려는 투자 방법이다. 즉 만기 시 일정한 자산가치를 보호하면서도 주가 상승의 이익에 참여하는 투자 전략을 살펴볼 것인데 대표적인 전략이 포트폴리오 보험(PI, Portfolio Insurance)이다.

이 장에서는 포트폴리오 보험(PI, Portfolio Insurance) 전략의 기본 개념과, 이를 구현하는 대표적인 방법으로 고정 비율 포트폴리오 보험(CPPI, Constant Proportion Portfolio Insurance)을 살펴본다.

미실현 수익을 확대한
투자 확대

많은 투자자들이 사용하는 방법 중 하나로, 미실현 수익이 생기면 투자 규모를 늘리는 방식이 있다. 간단한 예로 1,000만 원으로 주식을 샀는데 주가 상승으로 자산이 3,000만 원이 되었다고 하자. 이때 미실현 수익은 2,000만 원이다. 투자자는 이 정도 수익이 발생했다면 일정 수준의 손실이 생겨도 원금은 유지될 것으로 생각할 수 있다. 그래서 대기 중인 현금에서 추가로 500만 원 정도를 더 투자하기도 한다. 이렇게 하면 주가가 상승할수록 주식 투자 금액도 늘어나게 된다. 반대로 주가가 하락하면 주식을 줄이게 된다. 즉 상승장에서는 위험자산 비중이 늘고, 하락장에서는 줄어드는 구조다.

▌안전자산과 위험자산을 함께 활용하는 투자

이번에는 주식과 함께 이자가 발생하는 안전자산을 활용하는 경우를 살펴보자. 예를 들어 1,000만 원을 연 10% 금리의 예금에 넣으면 1년 뒤 100만 원의 이자가 발생한다. 이 경우 그 이자를 활용해 추가적인 주식 투자를 시도할 수 있다. 예를 들어 100만 원 정도의 주식을 매수한다면 최악의 경우 주식에서 모두 손실이 나더라도 1년 뒤 원금 1,000만 원은 유지된다.

또 다른 방법도 있다. 주식을 매수한 뒤 손실이 일정 수준에 도달하면 즉시 매도하는 방식이다. 예를 들어 500만 원어치 주식을 매수한 뒤 손실이 100만 원이 되는 순간 모든 주식을 매도하면 원금 손실을 제한할 수 있다.

이처럼 안전자산과 위험자산을 함께 운용하면서 위험을 관리하는 방식이 CPPI 전략의 기본 개념이다.

▌단리 이자 계산의 기본 개념

이 전략을 이해하려면 먼저 단리 방식의 이자 계산을 간단히 살펴볼 필요가 있다. 연 이자율이 10%라면 1만 원을 예금했을 때 1년 뒤 이자는 1,000원이 된다. 따라서 원리금 합은 1만 1,000원이 된다. 같은 조건에서 이자를 기간에 따라 계산하면 다음과 같다.

- 3개월: 250원
- 6개월: 500원
- 9개월: 750원

일반적인 단리 계산식은 다음과 같다.

$$미래\ 원리금\ 합 = 원금 \times (1 + 연\ 이자율 \times 기간)$$

반대로 미래 금액에서 원금을 구하려면 다음 식을 따른다.

$$원리금 \div (1 + 연\ 이자율 \times 기간)$$

▌주식과 예금을 함께 운용하는 투자 예

이제 예금과 주식을 함께 운용하는 간단한 예를 살펴보자. 초기 투자금은 10만 원이며 다음과 같이 나누어 투자한다.

- 이자 지급 자산: 90,909원
- 주식: 9,091원

주가는 909원, 보유 주식 수는 10주이며 연 이자율은 10%로 가정한다. 투자 원칙은 다음과 같다.

- 주식 투자 금액을 '원금 초과 수익의 2배' 수준으로 유지한다.
- 계산의 편의를 위해 6월 말, 9월 말, 12월 말에만 포트폴리오를 조정한다.

먼저 주가가 6월과 9월에는 상승하고 12월에 하락하는 경우를 살펴보자. 6월 말 주가가 2,000원이 되면 주식 가치는 2만 원이 된다. 이자 지급 자산에는 6개월 이자가 붙어 9만 5,454원이 된다. 총자산은 11만 5,454원이며 원금 대비 1만 5,454원의 미실현 수익이 발생한다.

투자 원칙에 따라 주식 투자 금액은 수익의 2배인 3만 908원으로 조정한다. 따라서 추가로 1만 908원어치 주식을 매수한다. 같은 방식으로 9월 말에도 포트폴리오를 조정한다.

연말에 주가가 2,000원으로 하락하면 최종 자산은 11만 7,045원이 된다. 만약 처음부터 모든 자금을 예금에 넣었다면 1년 뒤 자산은 11만 원이 되었을 것이다. 따라서 이 전략은 상승장에서 더 높은 수익을 얻을 수 있다.

이번에는 6월 이후 주가가 하락하는 경우를 살펴보자. 6월 말의 계산은 앞의 경우와 동일하다. 그러나 9월 말 주가가 1,500원으로 하락하면 주식 가치도 감소한다. 이 경우 투자 원칙에 따라 주식을 일부 매도하고 이자 지급 자산 비중을 늘리게 된다.

12월 말에 주가가 909원까지 하락하면 최종 자산은 10만 4,342원이 된다. 이 결과는 모든 자금을 예금에 투자했을 때의 11만 원보다는 낮은 성과다. 그러나 주식 비중을 조정하지 않았다면 손실은 훨씬 컸을 것이다. 또한 포트폴리오를 매일 조정했다면 안전자산으로 더 빨리 이동했을 것이므로 손실도 더 줄어들었을 가능성이 있다.

표 3-9. CPPI 전략: 상승장 시 포트폴리오 변화

	주가 (원)	주식 수	주식액 (원)	이자 지급 자산액(원)	총자산 가치(원)	조정 (원금 초과분의 2배수로 주식액을 맞춤)	주식 조정액 (원)	조정 후 주식 수	조정 후 주식액 (원)	조정 후 이자 지급 자산액(원)
시작	909	10.000	9,091	90,909	100,000			10.000	9,091	90,909
6월 말	2,000	10.000	20,000	95,454	115,454	주식액을 15,454원의 2배인 30,908원으로 증가	10,908	15.454	30,908	84,546
9월 말	2,500	15.454	38,635	86,660	125,295	주식액을 25,295원의 2배인 50,590원으로 증가	11,955	20.236	50,590	74,705
12월 말	2,000	20.236	40,472	76,573	117,045					

표 3-10. CPPI 전략: 하락장 시 포트폴리오 변화

	주가 (원)	주식 수	주식액 (원)	이자 지급 자산액(원)	총자산 가치	조정(원금 초과분의 2배수로 주식액을 맞춤)	주식 조정액 (원)	조정 후 주식 수	조정 후 주식액 (원)	조정 후 이자 지급 자산액 (원)
시작	909	10.000	9,091	90,909	100,000			10.000	9,091	90,909
6월 말	2,000	10.000	20,000	95,454	115,454	주식액을 15,454원의 2배인 30,908원으로 증가	10,908	15.454	30,908	84,546
9월 말	1,500	15.454	23,181	86,660	109,841	주식액을 9,841원의 2배인 19,682원으로 증가	-3,499	13.121	19,682	90,159
12월 말	909	13.121	11,929	92,413	104,342					

포트폴리오 보험 전략(PI): 최소 자산을 보호하는 투자

이번에는 포트폴리오 보험(PI, Portfolio insurance) 전략을 살펴보자. 앞에서는 6월 말이나 9월 말처럼 분기 또는 반기 단위로 포트폴리오를 조정했다.

그러나 이 조정을 매일 수행한다면, 주가 변동과 관계없이 일정한 수준의 자산가치를 만기에 확보할 수 있다. 이처럼 포트폴리오의 최저 가치를 보호하는 구조가 마치 보험과 비슷하다고 해서 이를 포트폴리오 보험(PI)이라고 부른다. 이 전략의 핵심은 다음과 같다.

- 일부 자산을 고변동성 자산(주식)에 투자한다.
- 미실현 수익이 발생하면 주식 투자 비중을 늘린다.
- 손실이 발생하면 주식을 줄이고 안전자산으로 이동한다.

즉 PI 전략은 상승장에서는 주식 비중이 자동으로 늘어나고, 하락장에서는 주식 비중이 줄어들도록 설계된 전략이다. 안전자산만 보유하면 안정성은 높지만 추가 수익 기회는 줄어든다. PI 전략은 일부 자산을 주식에 투자하면서도 최소 자산가치를 보호하려는 방법이다.

앞에서는 원금 초과분의 2배를 위험자산 규모로 설정했지만, 이 배수(투자 승수)는 투자자의 성향이나 시장 전망에 따라 조정할 수 있다. 다만 승수가 지나치게 크면 작은 하락에도 주식 비중이 급격히 줄어들어 주식 투자가 중단될 수 있다. 일반적으로 투자 승수는 3배 정도가 현실적인 수준으로 여겨진다.

▎ PI 전략의 특징

이 전략은 특히 고성장 자산에 적합하다. 처음에는 주식 비중이 작지만, 가격이 상승할수록 안전자산을 일부 매도해 주식을 추가로 매수한다. 즉 투자가 성공할수록 투자 규모를 늘리는 구조다. 이는 저가 분할 매수 전략과 반대되는 접근이다.

- 저가 분할 매수: 가격 하락 시 매수 확대
- PI 전략: 가격 상승 시 매수 확대

둘 다 주가를 정확히 예측하기 어렵다는 전제에서 출발하지만 위험을 관리하는 방식은 다르다.

PI 전략은 원래 채권 투자와 콜옵션 투자를 결합한 구조에서 유래했다. 즉 채권 투자로 최소 수익을 확보하고, 옵션을 통해 상승 이익에 참여하는 방식이다. 옵션을 사용하지 않더라도 주식과 채권을 조합하면 비슷한 구조를 만들 수 있다.

▌ PI 전략의 한계

이 전략에도 한계는 있다. 예를 들어 주가가 갑자기 큰 폭으로 하락하면 주식을 모두 매도해도 이미 손실이 커져 목표 자산가치를 보장하지 못할 수 있다. 또 이 전략은 "저평가 자산을 사고 고평가 자산을 판다"는 전통적인 투자 원칙과 반대처럼 보일 수도 있다.

그럼에도 PI 전략은 최소 자산가치를 확보하면서 주식 상승 이익에 참여하는 구조를 보여준다는 점에서 의미가 있다.

다음에서는 포트폴리오 보험 전략을 실제 투자에 적용할 때 가장 널리 사용되는 방법인 CPPI 방식을 좀 더 체계적으로 살펴보겠다.

고정 비율 포트폴리오 보험(CPPI)

투자자산운용사 교재에서는 포트폴리오 보험 전략 중에서 가장 실무적으로 활용하기 쉬운 방식으로 고정 비율 포트폴리오 보험(CPPI)을 소개한다. 이 방식에서 중요한 두 개념이 있다. 바로 쿠션(cushion)과 익스포저(exposure) 개념이다. 쿠션이란 손실을 흡수할 수 있는 여유 자금을 뜻한다. 익스포저는 위험자산에 대한 노출 규모, 즉 주식 투자 금액을 의미한다. 두 개념을 도식화하면 다음과 같다.

쿠션 = 총자산 – 만기 보장금액의 현재가치
익스포저 = 쿠션 × 투자 승수

그림 3-8. CPPI 전략의 구조: 쿠션과 익스포저

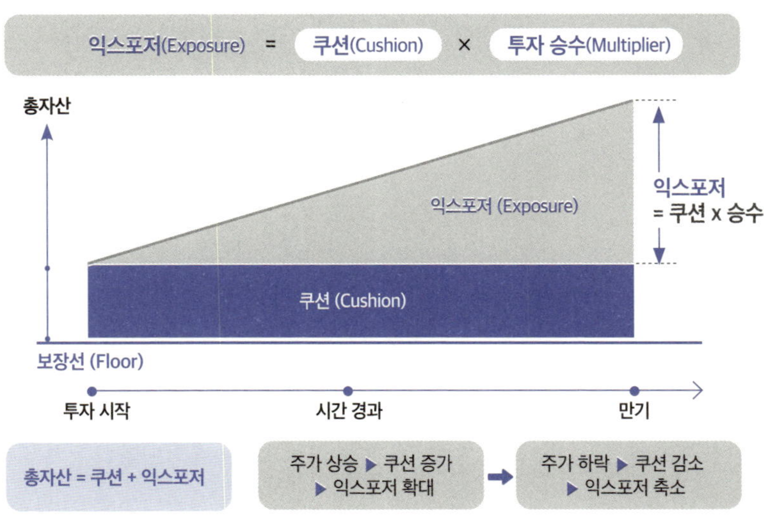

쿠션과 익스포저를 어떻게 계산하는지 예시를 들어보자.

연 이자율 4% 채권이 있고 만기 시 1만 원을 확보해야 하는 투자를 가정하자. 각 시점에서 필요한 채권 금액은 다음과 같이 계산된다.

- 1월 1일: 9,615원
- 3월 말: 9,707원
- 6월 말: 9,802원
- 9월 말: 9,900원

따라서 투자 시작 시점에서 쿠션은 10,000 − 9,615 = 385원이 된다. 투자 승수를 3배로 설정하면 주식 투자 금액은 385 × 3 = 1,155원이 된다. 따라서 시작 시 포트폴리오는 다음과 같다. 주식: 1,155원, 채권: 8,845원.

표 3-11은 주가 변동에 따른 포트폴리오 조정 과정을 보여준다.

주가가 하락해 쿠션이 0에 가까워지면 주식 투자 비중도 0이 된다. 이 경우 포트폴리오는 전부 채권으로 구성된다.그림 3-9에서 우상향하는 선은 다음 값을 나타낸다. 보장금액 ÷ (1 + 이자율 × 기간). 이는 곧 만기 보장 금액의 현재가치를 의미한다. 이자율이 높을수록 이 선의 기울기는 더 가파르게 나타난다.

PI 전략은 한때 큰 인기를 끌었다. 그러나 이 전략이 시장 변동성을 확대한 사례도 있다. 대표적인 사건이 1987년 10월 19일 블랙먼데이이다. 이날 다우지수는 하루 동안 22.6% 폭락했다. 당시 많은 기관투자자가 PI 전략을 사용하고 있었는데, 주가 하락에 따라 자동으로 주식을 매도하면서 매도 물량이 급격히 증가했다. 그 결과 시장 하락이 더욱 가속되었다.

	주가 변동률	주식액	채권액	총자산액	보장액 현재 가치화	쿠션	익스포저	주식 조정액	조정 후 주식액	조정 후 채권액
1월 1일		385	9,615	10,000	9,615	385	1,155	770	1,155	8,845
1월 2일	5%	1,213	8,846	10,059	9,616	443	1,329	116	1,329	8,730
1월 3일	-20%	1,063	8,731	9,794	9,617	177	531	-532	531	9,263

(단위: 원)

그림 3-9. CPPI 전략에서 보장 자산가치의 시간 경로

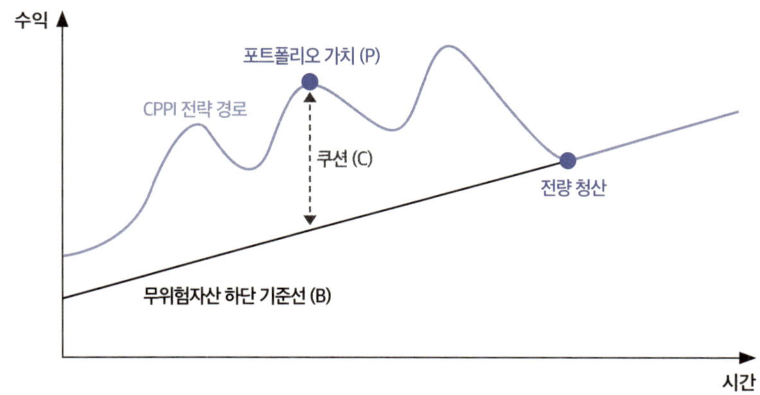

제15장

개인투자자에게 적합한 채권 투자

채권 투자,
개인은 왜 어려운가?

채권 투자는 많은 투자자에게 낯선 영역이다. 주식처럼 정보가 풍부하지 않고, 거래 단위도 크기 때문이다. 실제 채권 거래는 보통 1억 원 단위 이상으로 이루어지며, 발행기업의 재무 상태나 신용위험을 분석할 수 있어야 투자가 가능하다. 채권 가격은 또 시장 이자율의 영향을 크게 받기 때문에 투자자는 거시경제 상황까지 이해해야 한다.

이 때문에 개인투자자가 채권을 직접 분석하고 거래하기는 쉽지 않다. 다행히 실제 시장에서는 개인투자자도 고객으로 받아주는 채권 전문 투자 회사가 존재한다. 개인투자자는 채권의 핵심 개념만 이해하고, 전문 투자 기관과 상담하면서 투자하는 방법을 선택할 수 있다.

따라서 이 장에서는 채권 투자에 필요한 기본 개념과 현실적인 투자 방법을 중심으로 살펴본다.

채권의 기본 구조

금융투자에서 말하는 채권(債券)은 영어의 Bond를 뜻한다. 이는 법률 용어인 '채권(債權, creditor's right)과는 의미가 다르다. 법률 용어인 채권(債權)은 다른 사람에게 무언가 요구할 수 있는 권리를 뜻한다. 둘 다 앞 글자는 '채(債)'로 같은데, 이는 빚을 뜻한다. 우리가 이 장에서 살펴보게 될 채권(債券)

은 직역하면 빚 증권이라 할 수 있고, 실질적으로 대출 증서를 사고팔 수 있게 한 것과 비슷하다. 쉽게 말해 돈을 빌려주고 이자를 받는 증권 형태로 만든 것이다. 그래서 채권을 고정수익 증권(Fixed Income Securities)으로 보며, 이를 확정이자부 증권이라고도 한다.

채권의 현금흐름은 다음과 같은 구조를 갖는다.

- 일정 기간마다 이자 지급
- 만기 시 원금 상환

예를 들어 원금이 1억 원, 표면이자율(액면 이자율이라고도 함)이 4%, 만기가 3년인 채권을 보유하고 있으면, 1년 말에 400만 원(1억 원의 4%)을 받고, 2년 말에 400만 원, 3년 말에는 400만 원과 원금 1억 원을 받게 된다(표 3-12 참조). 이 400만 원을 '이표(이자 지급 교부표, coupon)'라고 부른다. 과거에는 채권에 이표 여러 개를 붙여두고 이자를 받을 때마다 하나씩 떼어가는 방식이었기 때문에 이런 이름이 붙었다(그림 3-10 참조).

그림 3-10은 파나마 운하 회사가 1884년 발행한 것으로, 파나마 운하 개발 자금 모집용 이표채다. 미사용 이자 쿠폰 25매가 부착되었다. 미사용 쿠폰은 1889년부터 1901년까지 떼어서 제출하면 이자를 지급받을 수 있었으나, 회사는 1888년 말 이자 지급을 중단했다.

채권액 표면이자율을 '이표 이자율(coupon rate)'이라고도 한다. 가령 어떤 기업이 1억 원짜리 채권을 100장 발행해 투자자에게 팔면, 기업은 3년간 100억 원을 쓸 수 있고, 기간 동안 이자만 갚다가 만기에는 원금까지 갚는다. 채권을 발행하게 되면, 은행에서 대출을 받은 것처럼 빚이 늘어나게 된다.

　　　　　　　　　　　　　　　　　　　올라운더 **투자법**

표 **3-12.** 한눈에 보는 채권의 현금흐름

시점	현금흐름
1년 후	400만 원
2년 후	400만 원
3년 후	400만 원 + 원금 1억 원

그림 **3-10.** 역사적 이표채의 예

자료: https://scripophily.net/panama-canal-bond-with-coupons-dated-1884-ferdinand-de-lesseps/

█ 채권 가격을 결정하는 두 가지 요소

채권 가격은 크게 두 가지 요인에 의해 결정된다. 하나는 신용위험이고 다른 하나는 시장 이자율이다. 첫 번째 신용위험이 채권 가격을 결정하는

표 3-13. 회사채 신용등급

신용등급			
장기등급	단기등급		의미
AAA	A1		원리금 상환 가능성 최고 수준
AA+, AA, AA-			원리금 상환 가능성 매우 높음
A+, A, A-	A2		원리금 상환 가능성 높지만 경제 변수에 영향받기 쉬움
BBB+ BBB BBB-	A3		원리금 상환 가능성 부분 인정되지만 저하될 가능성 있음
BB+ BB BB-	B	투기등급 채권	원리금 상환 가능성에 불확실성 내포
B+ B B-			불확실성 상당하여 투기적 요소가 큼
CCC	C		원리금 상환 의문시됨
CC			원리금 상환 가능성 낮음
C			원리금 상환 가능성 매우 낮음
D	D		채무 불이행 상태

자료: 금융감독원

원리는 이렇다. 채권을 발행한 기업의 재무 상태가 악화되면 원금이나 이자를 지급하지 못할 가능성이 높아진다. 이 경우 채권 가격은 하락한다. 이를 평가하기 위해 신용평가사는 기업의 신용등급을 부여한다.

채권의 신용등급은 장기와 단기로 나눠 정한다. 장단기 구분은 회계처럼 1년이 기준이다. 채권 만기가 1년 이상이면 장기, 1년 이하이면 단기이다.

국내에서 신용등급은 별도의 신용 보강이 없는 한 발행 회사별로 정해진다. 단기등급에는 어음과 같은 방식으로 표기한다. 장기등급에서는 +, 0, -를 붙여 등급을 세분화한다. 장기등급의 BB와 B가, 단기등급에서는 하나로 합쳐져 B로 나타낸다(표 3-13 참조).

장기등급의 C 계열은 단기등급의 C에 대응한다. 장기등급의 BB+ 이하,

 올라운더 투자법

단기등급 B 이하는 투자부적격에 해당한다. 이를 순화해 투기등급 채권이라고 한다.

▌ 시장 이자율과 채권 가격의 관계

두 번째 시장 이자율이 채권 가격을 결정하는 원리는 이렇다. 시장 금리가 상승하면 기존 채권 가격은 하락한다. 예를 들어 연 4% 이자를 지급하는 채권이 있다고 하자. 그런데 시장 금리가 10%로 상승하면 투자자 입장에서는 4% 채권의 매력이 떨어진다. 따라서 채권 가격은 하락하게 된다. 반대로 시장 금리가 하락하면 기존 채권 가격은 상승한다.

채권 가격이 원금과 같은 경우를 살펴보자. 원금이 1만 원이고 연 4% 이자를 지급하는 3년 만기 채권이 있다고 가정한다. 먼저 시장 이자율이 4%일 때, 1만 원을 예금에 넣어 복리로 운용하면 다음과 같은 결과가 된다.

- 1년 후: 10,400원
- 2년 후: 10,816원
- 3년 후: 11,249원

이번에는 같은 조건의 채권을 보유한다고 생각해 보자. 채권은 매년 이표 이자를 받고, 만기에 원금을 돌려받는다. 또 받은 이자를 매년 시장 이자율 4%로 재투자한다고 가정한다.

- 1년 말: 이표 400원 수령
- 2년 말: 첫 이표 400원에 이자가 붙어서 416원이 되고, 새 이표 400원

을 받아 총 816원이 된다.

- 3년 말: 816원이 다시 4% 이자가 붙어서 849원이 되고, 여기에 이표 400원과 원금 1만 원을 더 받는다.

이를 모두 합하면 1만 1,249원이 된다. 즉 1만 원을 시장 이자율 4%로 투자한 경우나, 4% 이자를 지급하는 채권을 보유한 경우 모두 3년 뒤 가치는 동일하다. 이처럼 채권의 표면이자율과 시장 이자율이 같다면 채권의 미래 가치가 일반 투자와 동일해지므로 거래 가격도 원금(1만 원)과 같아진다. 이를 액면가 거래(par value)라고 한다.

이제 시장 이자율이 변하는 경우를 생각해 보자. 만약 시장 이자율이 5%로 상승하면 투자자는 5% 수익을 얻을 수 있는 다른 투자처를 선호하게 된다. 그럼 연 4% 이자를 지급하는 기존 채권의 매력은 떨어지고, 채권 가격은 원금보다 낮게 거래된다.

반대로 시장 이자율이 3%로 하락하면 상황이 달라진다. 이 경우가 되면,

그림 3-11. 시장 이자율과 채권 가격의 관계

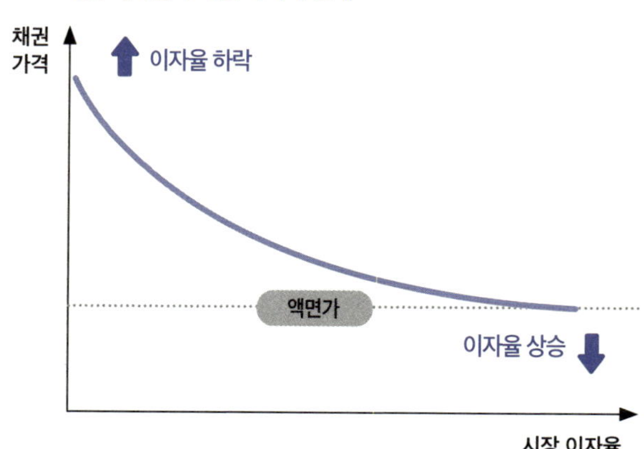

올라운더 투자법

연 4% 이자를 지급하는 채권은 시장 평균보다 높은 수익을 제공하므로 투자자들이 더 선호하게 된다. 따라서 채권 가격은 원금보다 높은 가격에 거래된다. 정리하면 다음과 같다.

- 시장 이자율 상승 → 채권 가격 하락
- 시장 이자율 하락 → 채권 가격 상승

채권 가격의 기본 원리

채권 가격은 결국 미래 현금흐름의 현재가치이다. 즉 이표 이자와 만기원금, 두 가지의 현금흐름을 현재가치로 할인해 채권 가격을 계산한다. 이때 사용되는 할인율을 '만기수익률(YTM, yield to maturity)'이라고 한다.

미래 현금흐름을 현재가치화하여 합산하면 현재의 채권 가격이 된다는 개념을 수식으로 나타내면 다음과 같다.

$$P = \sum \frac{C_t}{(1 + r_t)}^t$$

P: 채권 가격, t: 시점, C_t: 시점별 현금흐름, r_t: 시점별 할인율

시점별 할인율은 시점마다 달라지므로 다루기 복잡하여, 모든 기간에 대해 단일한 할인율을 적용한 것이 바로 만기수익률이다. 각 시점별 할인율이 만기수익률로 동일하다고 보아 채권 가격을 구하면 다음과 같다. 실제

시장에서는 채권 가격이 먼저 결정되고, 그 가격으로부터 만기수익률을 계산한다.

$$P = \frac{I}{R} \times [1 - \frac{1}{(1+R)^n}] + \frac{F}{(1+R)^n}$$

P: 채권 가격, I: 이표액, R: 만기수익률, n: 이자 지급 회수, F: 원금액

채권 투자에서 중요한 개념 중 하나가 듀레이션(Duration)이다. 듀레이션은 쉽게 말해 '채권의 평균적인 자금 회수 기간'을 뜻한다.

예를 들어 연 이자율이 10%이면, 1년 뒤의 110원이 현재의 100원에 해당하는데, 2년 뒤의 값으로는 121원이 현재의 100원에 해당하는 것과 같은 이치이다. 이런 점을 감안해 현재 시점의 채권 가격에 기여하는 금액의 시간적 분포를 보고, 무게 중심을 구하는 방식으로 하여 가중 평균 기간을 구한 것이 채권의 듀레이션이다. 수식으로는 다음과 같다.

$$D = \frac{I}{P} \sum \frac{C_t}{(1+r)^t} t$$

P: 채권 가격, t: 시점, C_t: 시점별 현금흐름

듀레이션이 길수록 금리 변동에 따른 채권 가격 변동이 커진다. 단기 채권은 변동성이 비교적 작고, 장기 채권은 변동성이 비교적 크다. 따라서 금리 변동을 활용한 투자에서는 장기 채권이 주로 사용된다.

이자율 변동에 대한 채권 가격 변동의 수식적 지표로는 듀레이션을 변경한 수정듀레이션(Dm, modified duration)이 더 많이 쓰인다. 아래의 과정을 거쳐 수정듀레이션을 구하게 된다. 부호는 양수가 되도록 조정해 준다.

Dm = D/(1+r)

    채권 가격을 시장 이자율로 표시한 식은 아래와 같다. 먼저, 채권 가격 P 를 이자율 r 의 함수로 만들고 dP/dr 즉 채권 가격을 이자율에 대해 미분하는 방식이다.

$$P = \sum C_t (1 + r)^{-t}, \quad \frac{dP}{dr} = \sum C_t (-t)(1 + r)^{-t-1}$$

P: 채권 가격, r: 이자율, t: 시점, Ct: 시점별 현금흐름

    추가로 아래의 과정을 거쳐 수정듀레이션을 구하게 된다. 음(-)의 기호가 붙은 것은 최종값을 양수로 만들기 위해서이다.

Dm = -1/P × dP/dr

    다음 수식을 쓰면 원래의 채권 가격 P와 미리 구해둔 Dm에 이자율 변화량 △r을 대입해 채권 가격 변화량 △P를 구하는 것이 가능하다.

△P/P= 1/P × dP/dr × △r + ... , △P/P= -Dm × △r + ...

    듀레이션 값이 커지게 되는 가장 큰 이유는 채권의 만기가 길어서다. 채권은 만기에 가장 큰 현금흐름이 발생하는데, 그것은 원금 상환이다. 채권의 만기가 길수록 보유 기간 중 재무지표의 변동 가능성이 커지고 돈을 제대로 못 받을 가능성, 즉 신용위험도 커진다. 국가가 발행하는 채권 외에는 모두 이런 성질이 있음을 감안해야 한다.

채권 간접투자

지금까지 살펴본 것처럼 시장 이자율이 하락할 것으로 예측되면 채권 가격은 상승하므로 채권에 투자할 수 있다. 다만 만기 1~2년의 채권은 시장 이자율 변화에 따른 가격 변동 폭이 작다. 만기가 20년 정도는 되어야 가격 변동이 충분히 크다. 그런데 20년 뒤에 안 망한다고 자신하는 기업이 몇 개나 있겠는가? 만기 20년 이상 채권에 안전하게 투자하려면 국채에 투자하는 방법이 유일하다. 만기 1년의 채권도 분석하기 어려운데 20년, 30년 만기의 채권을 분석하기는 매우 힘들기 때문이다.

유행을 따라 투자하는 것도 매우 위험하다. 한때 브라질 국채 투자가 유행한 적이 있는데 대부분이 잘 모르는 상태에서 투자한 것이었다. 브라질 통화인 헤알화의 환율과 그 신용등급 등을 제대로 아는 전문가는 국내에서도 매우 드물다.

독일 국채 금리에 연동되는 파생상품인 DLF 등도 2019~2020년에 크게 문제된 일이 있었다. 심지어 국채 금리가 마이너스가 되면서 전액 투자 손실로 끝나기도 했다. 판매할 때는 독일이 망하지 않는 한 금리가 마이너스가 될 리 없다는 말로 투자자를 안심시켰지만, 과거 기록을 살펴보면 마이너스 금리인 경우도 있었다.

결국 개인투자자에게 채권 투자는 간접투자 방식이 현실적인 선택이다. 전문 운용사가 운용하는 채권 펀드, 투자일임 및 투자자문을 활용하는 방법이다. 여기서는 채권 전문가 집단을 소개하고, 개인투자자가 무엇을 공부해야 하는지 중심으로 살펴본다.

▎채권 펀드

전문가의 손길을 빌어 투자하는 대표적인 방식이 펀드인데, 채권으로 운용되는 자산의 총규모가 매우 크다. 우리나라의 경우 수백조 원대이고 개개 펀드도 수백억 원대인 것이 많다. 규모가 큰 펀드일수록 한번 문제가 생기면 사회적 파장이 크므로, 대형 채권 펀드는 대부분 보수적으로 운용되는 경우가 많아 연 4~5% 수익률을 목표로 하는 경우가 많다.

소규모 사모 운용사인 경우, 소규모 채권 펀드를 운용하며 비교적 소액의 투자자에게 맞는 액수와 수익률을 제시하기도 한다. 그러나 그런 운용사 중 채권 전문가가 충분히 있는 곳은 한두 곳에 불과하다.

집합투자 방식의 펀드가 아닌 개개인 맞춤형인 투자일임이나 투자자문 방식으로 범위를 넓히면 좀 더 선택의 폭이 넓어진다. 소형 금융투자 회사에는 일반 사모 운용사 외에 투자일임업자, 투자자문업자가 있다. 그중 상근직 2~4명인 회사도 많은데, 그런 회사는 대표나 최대주주가 금융 경력이 오래된 전문가인 경우가 많다. 특히 펀드매니저 출신이 직접 고객을 상담해 주기도 한다. 이런 투자일임업자, 투자자문업자 중에서 채권을 전문으로 하는 곳이 있다.

이런 곳들은 개인투자자가 기대하는 수익률에 맞는 투자 방식을 권한다. 물론 채권에 투자해 연 7% 내외의 수익을 내는 것은 쉽지 않기 때문에, 이자율 변동에 따른 채권 가격 변동이 큰 장기 채권이나, 신용위험이 있다고 여겨지는 채권에 투자하기도 한다. 그럼에도 개인투자자의 기대수익률을 맞춰주고 있어서 인기가 있다.

증권사 지점의 개인 PB나 증권사의 신탁 상품, 랩 상품을 통해 채권 투자를 하기도 한다. 증권사가 발행시장에서 채권을 떼 와서 개인 고객에게 재판매하는 방식도 있다. 증권사 홈페이지에 있는 장외 채권 판매가 이런 것이다. 이런 매매에서 담당자가 채권 전문가인 경우는 드물다. 특히 개인이 채권을 직접 매수하는 경우, 증권사는 중개자로서의 책임만 질 뿐 채권을 끝까지 관리해 주지는 않는다. 이런 점을 감안하면 소액 투자자도 받아주는 채권 전문 펀드나 투자일임을 활용한 방식이 더 낫다.

▌직접투자 대비 간접투자의 장점

지금까지 살펴본 것처럼 개인투자자가 채권 투자를 하려면 소형 금융투자 회사가 고객 자금을 대신 운용하는 방식인 투자일임, 투자자문사를 활용한 간접투자 방식이 가장 현실적이다.

금융투자 회사를 통해 채권 투자를 해야 하는 또 다른 이유는 투자일임업자, 사모 운용사는 IPO 주식, 공모 사채 등이 발행될 때 기관투자자 자격으로 수요 예측에 참여할 수 있다는 점이다. 주식과 달리 채권에서는 장내 거래가 드물어 발행시장 참여 가능성 여부가 아주 첨예한 문제가 된다. 발행시장에서 기관투자자 참여 부문은 기본적으로 펀드, 연기금, 금융사 명의로만 가능하다.

투자일임업자는 회사 규모는 작지만 고객의 돈을 받아 자신의 명의로 주식과 채권의 수요 예측에 참여해 배정을 받을 수 있고, 채권 장외시장에서도 기관투자자 자격으로 매매하는 것이 가능하다. 블록딜(block deal) 등 기관투자자 간의 거래에 투자일임업자는 고객을 대신해 참여하는 것이 가능하다. 이처럼 개인투자자는 자신의 한계를 극복하기 위해 채권 전문 소형 금융투자업자의 금융상품에 가입해 투자하는 것이 좋다.

채권 투자에서 고객이 준비해야 할 것으로 돈 이외에 '채권 지식 습득'도 있다. 금융투자업자가 고객이 전혀 모르는 금융투자 방식을 권하는 일은 없다. 즉 고객이 채권 투자의 기본을 이해해야 한다. 이자율 변화에 따른 채권 가격 변화, 듀레이션, 신용위험의 측정과 그에 따른 투자 대응책 등을 공부해 가며 투자해야 한다. 그리고 채권의 다양한 종류와 개념을 계속 알아가야 한다. 전자단기사채, 유동화 채권 등 특수한 것일수록 수익성이 높기 마련인데 고객이 어느 정도는 알아야, 채권 투자 회사도 관련 상품을 권할 수 있다.

개인투자자에게 인기 있는 채권

개인에게 인기 있는 채권 상품엔 어떤 것이 있을까? 고수익성이면서 작은 단위로 투자할 수 있는 상품이어야 한다. 고수익성이면 당연히 고위험이므로 기왕이면 기간이라도 짧은 단기사채(1~6월 정도)면 좋은데, 대표적인 것이 전자단기사채이다. 유동화 채권은 채권에서는 상대적으로 소액인 1억 원 단위로 투자할 수 있다.

일반적으로 고금리 단기 채권은 건설 관련, 또는 건설사 시행사 등에 돈을 빌려준 캐피탈 등의 채권이 많다. 이런 것들은 개인이 일일이 분석하기 힘들며, 상세 분석은 채권 투자회사에 맡기고, 함께 공부하며 투자하도록 한다.

증권사에서 판매하는 것으로 국채, 캐피탈 회사 채권, 유명 그룹사 계열 채권이지만 적자가 심해 고수익률인 채권, 신종자본증권, 단기사채, 건설 관련 유동화 채권 등이 나오는 경우도 많다. 이 역시 개인이 직접투자하기보다는 채권 투자 전문회사에 맡기는 게 낫다. 그래야 펀드매니저 또는 그에 준하는 사람에게 계속 물어보면서 투자할 수 있다. 또 채권 매매 시 증권사에 지급하는 매매 스프레드(spread, 일종의 증권사 마진)를 따져보면, 그 돈을 차라리 채권 전문회사에 서비스 이용료로 주는 것이 나을 수 있다.

채권 전문 투자회사는 틈새시장에도 밝아 중위험 고수익 종목을 찾아내 주기도 한다. 개인투자자에게 인기 많았던 삼척블루파워라는 채권이 그런 사례다. 이는 삼척에 있는 민간 화력발전회사인 삼척블루파워(주)가 발행하는 채권으로 석탄화력발전소를 짓고 운영하기 위해 발행하는 채권이다. 석탄화력발전과 관계되므로 ESG(환경·사회·지배구조) 경영에 반하며, 채권 발행을 위한 수요 예측에 기관투자자의 참여가 저조했다. 하지만 실제 회사의 사업 구조나 재무 상태는 정상적이었다.

이 회사의 주요 주주는 포스코에너지와 두산중공업 등이었고, 포스코인터내셔널이 공급해 주는 유연탄으로 전력을 생산하므로 회사의 부도 가능성은 매우 낮았다. 그러나 채권 수요 예측에서 매수 참여자가 적다 보니 발행 수익률(채권 이자율)은 매우 높게 결정되었다. 기관투자자에게는 비선호 채권이었지만 개인투자자들은 좋아하는 채권이어서 상장되고 나면 발행 가격보다 높게 거래될 것이 예상되었다. 채권 전문 투자회사들은 고객들의 돈을 이런 채권에 집중투자하고, 채권의 이자 수익과 예상되는 가격 수익의 합이 최대일 때 매도해 준다.

이 외에도 채권 전문 투자회사는 신용위험에 비해 채권 가격이 너무 할인된 채권, 시장의 자금 경색기에 가격이 너무 심하게 하락한 채권 등 다양한 틈새시장을 노리는 투자 전략도 갖추고 있다. 20년 이상 장기 채권에 대한 투자 등 일반인이 알기는 해도, 실행하기 어려운 투자도 대행해 준다.

채권 전문 투자회사 활용법

개인투자자를 고객으로 받아주는 채권 전문 투자회사로는 대표적으로 한국채권투자운용(주)이 있다. 이 회사는 투자자문과 투자일임업을 하다가 나중에 자산운용사 라이센스를 추가한 경우다. 이 회사의 특징은 개인투자자를 위해 투자일임 방식으로 돈을 맡아 운용하기도 하고, IPO 공모주 투자까지 병행하는 고위험 고수익 투자신탁 방식도 서비스하는 것이다. 회사를 이끄는 김형호 대표는 네이버 카페인 '채권투자 cafe' 운영자이기도 하다.

다른 채권 전문 투자회사로 (주)글루온채권투자일임이 있다. 한국채권투자운용(주)에서 일했던 신재철 대표이사가 차린 회사이다.

해외 채권 투자에 대해서는 투자자문업자가 전문적으로 다루고 있다. 글로벌 채권(global bond)을 다룬다고 하여 회사명도 GB투자자문(주)으로, 유튜브 '마경환의 채권투자학교' 운영자가 이 회사 대표다. GB투자자문은 주로 투자 자문 서비스를 제공한다.

이상 열거한 채권 투자 전문회사는 고객과 투자일임 방식으로 계약하는 경우가 많다. 대개 국내 IPO 공모주 투자까지 해주는 상품을 제공하여, 채권 투자 수익 외에 공모주 투자 수익도 추가해 준다.

마지막 체크사항

요컨대 개인투자자가 목돈을 만든 뒤에는 반드시 채권에도 투자해야 하지만, 채권 투자는 금액 단위가 크고, 이자율이나 채권의 신용위험에 대한 평가가 힘들어 채권 투자 전문회사를 통해 투자하는 것이 낫다. 다만 채권 전문회사라 할지라도 고객이 이해하는 범위에서만 투자하려 하므로, 개인

투자자도 채권에 대한 기본 지식을 갖춰야 한다. 채권의 종류, 가격 결정의 원리, 듀레이션, 신용위험 등 이 책에서 소개한 내용정도는 반드시 이해하는 것이 좋다.

이상과 같이 직장인이 현실적으로 실천할 수 있는 금융투자의 기본 원칙을 살펴보았다. 적립식 투자를 통한 꾸준한 자산 형성, 주식과 채권을 함께 고려한 자산배분 전략, 그리고 채권 투자의 기본 개념과 활용 방법까지 다양한 접근을 소개했다.

금융시장은 언제나 변동하고 미래를 정확히 예측하기는 어렵지만, 장기적인 관점에서 원칙을 세우고 꾸준히 실천한다면 자산은 조금씩 성장할 수 있다. 중요한 것은 단기간의 성과에 흔들리기보다 자신에게 맞는 투자 방법을 찾고 지속적으로 관리해 나가는 것이다. 독자들이 금융투자를 보다 차분하고 합리적으로 이해하고, 각자의 삶 속에서 안정적인 자산 관리를 시작하는 데 이 책이 작은 도움이 되기를 바란다.